PIERRE BROUÉ
DIE DEUTSCHE REVOLUTION (1918–1923)

VERLAG NEUER KURS BERLIN
1973

ÜBER DEN VERFASSER

Pierre Broué, französischer Historiker an der Universität Grenoble, ist Mitglied der trotzkistischen OCI (Organisation Communiste Internationaliste, für den Wiederaufbau der IV. Internationale). Weitere Veröffentlichungen Pierre Broués:
"Le Parti Bolchevique"
"La Révolution en Allemagne" (1917 - 1923)
Zusammen mit Emile Témine: "La Révolution et la guerre d'Espagne" (alle drei erschienen bei "Les Editions de Minuit" Paris.)
"Les Procés de Moscou" Coll. "Archives", Ed. Juillard 1954
"La question chinoise dans l'Internationale Communiste" E.D.I. Paris 1965
"Le Printemps des peuples commence en Prague" -Essai sur la révolution politique en Europe de l'Est, S.E.L.I.O. Paris 1969
"La révolution culturelle en Chine" in "La Verité" (Organ des Zentralkomitees der OCI) Nr. 551 und 552 - Eine deutsche Übersetzung ist als Nummer dieser Reihe in Vorbereitung.

ISBN 3 87786 102 4

INHALT

Mit der Herausgabe der vorliegenden Broschüre von Broué ist nicht beabsichtigt, dem Leser die abstrakte Erweiterung seiner Kenntnisse über die Ereignisse von 1918 -23 zu ermöglichen. Vielmehr wirft dieses Buch, das von einem französischen Genossen der OCI (Organisation Communiste Internationaliste) geschrieben wurde, alle Fragen und Probleme der proletarischen Revolution in den hochindustrialisierten Ländern auf. "Die historische Krise der Menschheit geht zurück auf die Krise der revolutionären Führung", schrieb Trotzki im Übergangsprogramm, dem Programm der IV. Internationale[1*]. Wie kann die Krise der Führung des Proletariats gelöst werden? Wie kann das Proletariat seine historische Aufgabe erfüllen: Die Eroberung der politischen Macht und den Aufbau des Sozialismus? Die Erfahrung der Revolution von 1918 - 1919 in Deutschland zeigt nichts so eindringlich, wie die Notwendigkeit des Aufbaus einer unabhängigen revolutionären Arbeiterpartei, deren Fehlen 1919 zu einer der schrecklichsten Niederlagen der internationalen Arbeiterklasse geführt. hat. Seit 1914 fehlte in Deutschland eine Organisation, die in der Lage gewesen wäre, auf die Forderungen und Interessen der Massen zu antworten, diese durch Losungen zu vereinigen und ihre Aktionen zu zentralisieren. Die Angst der führenden Kämpfer der Arbeiterbewegung, Rosa Luxemburg, Karl Liebknecht und Leo Jogiches, vor der Isolierung von den Arbeitermassen, die noch unter sozialdemokratischer Kontrolle standen, führte sie in die Reihen einer zentristischen Partei (USPD), deren Führer Kautsky, Haase, Bernstein das offen eingestandene Ziel hatten, durch den Aufbau der USPD den wachsenden Einfluß der Revolutionäre auf die Arbeiterklasse eindämmen zu kön-

---

[1*] L. Trotzki: Übergangsprogramm, Verlag Neuer Kurs Berlin 1972.

nen. Der Verzicht auf die unabhängige Organisierung macht aus den Führern von Spartakus trotz der überwältigenden Begeisterung, mit der Liebknecht nach seiner Befreiung aus dem Gefängnis von Arbeitermassen begrüßt wurde, und trotz der Anerkennung, die Rosa Luxemburg von Millionen von Arbeitern entgegengebracht wurde, zu Führern ohne Massen.

Der verräterischen Politik der Sozialdemokratie gelang es durch die Räte selbst, Produkte der Revolution, Organe der Arbeiterklasse, durch die sie begonnen hatte, sich unabhängig von der Bourgeoisie politisch zu organisieren, dem höchsten Ausdruck der Doppelherrschaft, die Reorganisation der bürgerlichen Herrschaft einzuleiten.

In Deutschland waren 1918 - 1923 alle Probleme der proletarischen Revolution gestellt, wie sie auch heute in den hochindustrialisierten Ländern gegeben sind. Eine zahlenmäßig starke und intellektuell hochentwickelte Arbeiterklasse hatte die mächtigsten Organisationen der Welt geschaffen. Doch gerade diese Organisationen, die SPD und die mit ihr verbundenen Gewerkschaften, haben sich gegen die Arbeiterbewegung gewandt, haben schließlich mit brutaler Gewalt die revolutionäre Bewegung geschlagen. Die Entstehung einer Arbeiteraristokratie war die materielle Basis für den Opportunismus der Arbeiterparteien. In die Arbeiterklasse wurden die Ideologien der Sozialpartnerschaft zwischen Lohnarbeit und Kapital, des Parlamentarismus getragen.

Die deutschen Revolutionäre sind 1918- 19 an diesen Problemen gescheitert. Um nicht die gleichen Fehler zu wiederholen und um aus den Erfahrungen zu lernen, ist das Studium der deutschen Revolution für alle Sozialisten eine unerläßliche Pflicht. Es ist zweifellos kein Zufall, daß weder die Sozialdemokratie noch die stalinistische Bürokratie um die Bewußtwerdung dieser Erfahrungen und ihre Assimilierung kämpfen.

Das Scheitern der revolutionären Bewegung in Deutschland 1923, das seine Wurzeln einerseits in starken linksradikalen Tendenzen hatte, die die KPD von Anfang an beherrschten, und andererseits in der Krise im Exekutivkomitee der III. Internationale, hatte furchtbare Konsequenzen für die internationale Arbeiterbewegung. Die russische Revolution wurde isoliert. Im Gegensatz zu Stalins nach dem Tode Lenins entwickelten Theorie vom "Sozialismus in einem Land", war für Lenin und Trotzki der Sieg der deutschen Revolution eine Lebensfrage für die russische Revolution.

"Die absolute Wahrheit ist, daß wir ohne die deutsche Revolution verloren sind. Wir werden vielleicht Niederlagen erleiden ... aber in jedem Fall, welches auch die möglichen und vorstellbaren Schicksalsschläge sein mögen, wenn die deutsche Revolution nicht kommt, werden wir untergehen". (Lenin auf dem VII. russischen Parteikongreß März 1918). Die Theorie der permanenten Revolution begründete die enge Verbindung der russischen mit der deutschen Revolution. Die Befreiung der Produktivkräfte der hochindustrialisierten Länder aus den Fesseln der kapitalistischen Macht war eine Grundvoraussetzung für den Aufbau des Sozialismus in Rußland. Lenin und Trotzki setzten ihre gesamten Hoffnungen auf den Sieg der proletarischen Revolution in Deutschland. Ohne die Bedeutung der Rolle der Sozialdemokratie zu unterschätzen, stellte der 2. Kongreß der III. Internationale 1920 zu Deutschland fest: "Die Niederlage des deutschen Imperialismus war gleichzeitig die Niederlage des kapitalistischen Wirtschaftssystems. Außerhalb des Proletariats gab es dort (in Deutschland) keine Klasse, die die Staatsmacht beanspruchen konnte. Die Vervollständigung der Technik, die Zahl und das intellektuelle Niveau der deutschen Arbeiterklasse war ein sicherer Garant für den

Erfolg der sozialen Revolution. Unglücklicherweise hat sich die deutsche Sozialdemokratie gegen diese Entwicklung gestellt. Dank der komplizierten Manöver, in denen sich die Verschlagenheit mit der Dummheit mischt, hat sie die Energie des Proletariats paralysiert, um es von der Eroberung der Macht abzulenken, die sein natürliches und notwendiges Ziel war."

Die Isolierung der russischen Revolution schuf die günstigen materiellen Bedingungen für die Entstehung des Stalinismus. Mit der Theorie vom "Sozialismus in einem Land" versuchte Stalin die Abhängigkeit der russischen Revolution von der europäischen Revolution zu verbergen. Er behandelte die Entwicklung in Deutschland, in seinem Unvermögen, die zentrale Bedeutung dieses Landes zu sehen, zunächst mit sträflicher Nachlässigkeit, die aber immer offener zu einer bewußt konterrevolutionären Strategie wurde und in der Kapitulation Stalins 1933 vor Hitler und der Liquidierung der III. Internationale ihre letzte Konsequenz erreichte.

Wohin dieser Weg führte, zeigt sich in dem Haß Lukacs gegen die deutsche Arbeiterbewegung:"Das deutsche Volk, berauscht von der Demagogie, vorwärtsgetrieben durch die Peitsche des Terrors, Spielzeug seiner verblödeten Instinkte, geht taumelnd in sein Verderben". Genausowenig wie bei Stalin finden wir hier ein Wort über die Zerschlagung der organisierten deutschen Arbeiterklasse im Interesse der Bourgeoisie durch den Faschismus.

1933 erlebte die internationale Arbeiterbewegung einen weiteren 4. August. In der Epoche des Imperialismus, der Epoche der Kriege und Revolutionen, wurde die Arbeiterklasse zum 4. Mal vor die ungeheure Aufgabe gestellt, die Internationale des Weltproletariats neu aufzubauen, die IV. Internationale. Doch der Aufbau der IV. Internationale und ihrer nationalen Sektionen ist kein künstlicher Akt. Er verlangt die Assimilierung der hi-

storischen Erfahrungen der Arbeiterbewegung durch die internationale Arbeiterklasse und ihre theoretische und politische Verarbeitung im revolutionären Programm.
In dieser Broschüre sehen wir einen Schritt zur Lösung dieser Aufgabe, gerade deshalb, weil sie nicht das Werk eines bürgerlichen Historizisten ist, sondern mit dem festen Willen eines Arbeiterkämpfers geschrieben ist, hiermit einen Beitrag zur Arbeiterbewegung und damit zum entgültigen Sieg der sozialistischen Revolution zu leisten.

Chris Ihrer
Bochum 12.1. 1972

AN DIE MITGLIEDER DER SPARTAKUS-GRUPPE!

18. X. 1918. Werte Genossen! Heute kam die Nachricht, daß die Spartakus-Gruppe zusammen mit den Bremer Linksradikalen die energischsten Schritte tut, um die Schaffung der Arbeiter- und Soldatenräte in ganz Deutschland zu fördern. Ich benutze diese Gelegenheit, um unsere besten Wünsche den deutschen revolutionären Sozialdemokraten-Internationalisten zu übermitteln. Die Arbeit der deutschen Spartakus-Gruppe, die unter den schwierigsten Umständen eine systematische revolutionäre Propaganda trieben und wirklich die Ehre des deutschen Sozialismus und des deutschen Proletariats gerettet haben. Jetzt kommt die Zeit: die schnell reifende deutsche Revolution ruft die Spartakus-Gruppe zur wichtigsten Rolle, und wir hoffen alle mit Zuversicht, daß die deutsche sozialistische, proletarische Republik bald entscheidende Schläge dem Weltimperialismus bringen wird.

Hoffentlich wird auch das Buch des Renegaten Kautsky gegen die Diktatur des Proletariats einen gewissen Nutzen bringen. Die Wahrheit dessen, was die Spartakus-Gruppe immer gegen die Kautskyaner gesagt hatte, wird bestätigt werden, und die Massen werden schneller den versumpfenden Einfluß von Herrn Kautsky u. Co. loswerden.

Mit besten Grüßen und mit fester Hoffnung, in nächster Zeit den Sieg der proletarischen Revolution in Deutschland begrüßen zu können.

Ihr N Lenin.

Vor dem Berliner Schloß, kurz nach der Ausrufung der sozialistischen Republik durch Karl Liebknecht

1918 - 1919

BERLIN, 9. NOVEMBER 1918

Der Kaiser ist auf der Flucht, die bewaffneten Arbeiter sind Herren der Hauptstadt. Sie drängen sich vor dem kaiserlichen Balkon, von dem herab Karl Liebknecht, der ehemalige sozialdemokratische Reichstagsabgeordnete, den man wegen seiner Agitation gegen den imperialistischen Krieg zu Zuchthaus verurteilt hatte, die freie sozialistische Republik Deutschland verkündet:

"Wir müssen alle Kräfte anspannen, um die Regierung der Arbeiter und Soldaten aufzubauen und eine neue staatliche Ordnung des Proletariats zu schaffen, eine Ordnung des Friedens, des Glücks und der Freiheit unserer deutschen Brüder und unserer Brüder in der ganzen Welt. Wir reichen ihnen die Hände und rufen sie zur Vollendung der Weltrevolution auf."

In der Tat ist für alle Revolutionäre, für Liebknecht wie für Lenin, die deutsche Revolution nur die zweite Etappe der Weltrevolution, deren erste Etappe die russische Revolution war. Die Verspätung der deutschen Revolution hatte die russischen Revolutionäre gezwungen, mit Deutschland einen Separatfrieden zu schließen. Da die deutschen Arbeiter nicht, wie es die Bolschewiki hofften, ihren eigenen Imperialismus niederzuwerfen vermochten, waren die russischen Revolutionäre nach den Verhandlungen von Brest-Litowsk gezwungen, mit Deutschland einen Separatfrieden zu den schwersten Bedingungen zu unterzeichnen, einen Friedensvertrag, der dem deutschen Imperialismus neue Kräfte gab, indem er ihn an der Ostfront entlastete. Um eben diese deutsche Revolution zu beschleunigen, hatte sich Trotzki während der Verhandlungen von Brest-Litowsk über die Köpfe der Diplomaten und Generäle hinweg an die deutschen Arbeiter gewandt. An diesem Tag erheben sich in Petrograd die Mitglieder des allrussischen Sowjetkongresses, um diesen so erwarteten Sieg der deutschen Proletarier über ihren Imperialismus zu begrüßen. Der imperialistische Krieg ist dabei, sich in einen Bürgerkrieg zu verwandeln. Auf der Tagesordnung steht der Sieg des Sozialismus, nicht in Rußland, nicht in Deutschland allein, sondern im Weltmaßstab: Es handelt sich um "die Vollendung der Revolution".

Einige Monate später jedoch, auf dem I. Kongreß der Kommunistischen Internationale, der Weltpartei der Revolution, wird der deutsche Delegierte im Namen einer gehetzten Partei sprechen, die ihre hervorragendsten Führer verloren hat, im Namen der Proletarier eines Landes, in dem die Konterrevolution über die Arbeiter- und Soldatenräte gesiegt hat, und wo unter der Schirmherrschaft "sozialistischer" Minister von neuem die alte bürgerliche Ordnung herrscht.

Im Kampf um die Weltrevolution ist es eine schwere Niederlage an einem entscheidenden Frontabschnitt. Die russische Revolution bleibt isoliert: die Unterstützung, die sie von den deutschen Arbeitern erhoffte, von dem wirtschaftlichen Apparat eines hochentwickelten Landes, sollte nicht eintreffen. In diesem riesigen rückständigen Land, verheert vom Bürgerkrieg, eingekreist von den imperialistischen Mächten, erschienen die ersten Keime der Bürokratie, der es gelingen wird, die Errungenschaften der Revolution zu usurpieren und die Sowjets- Arbeiterräte - ihrer politischen Macht zu berauben.

Die Niederlage der deutschen Revolution hat unabsehbare Folgen für die Arbeiterbewegung in der Welt gehabt. Die Pflicht der Revolutionäre ist es, ihre Ursachen zu untersuchen, die begangenen Fehler aufzufinden, die Lehren und Schlüsse daraus zu ziehen für den Tag, an dem - früher oder später - nach der Voraussage von Karl Liebknecht am Vorabend seines tragischen Todes "die Leichen der ermordeten Kämpfer sich erheben und Rechenschaft verlangen werden."

Nicht in Rußland, sondern in den hochentwickelten Ländern wie Deutschland hatten Marx und Engels die ersten Siege des Proletariats erwartet. In Deutschland befand sich 1919 die zahlenmäßig stärkste Arbeiterklasse (68% der Bevölkerung), die bestorganisierte, die gebildetste. Hier auch stellte die Übertragung eines von der Hand der Bürgertums zentralisierten mächtigen Wirtschaftsapparates auf einen Arbeiterstaat das geringste Problem dar. So ist es auch kein Zufall, daß sich der Klassenkampf in Deutschland während dieser entscheidenden Monate vom November 1918 bis Januar 1919 ganz unter den Fahnen des Sozialismus vollziehen sollte, gehißt von Revolutionären, wie auch von Konterrevolutionären. Am 9. November 1918 gab es keine politische Kraft in Deutschland mehr, die sich nicht auf den Sozialismus berief. Hinter der Mehrheitssozialdemokratie, hinter dem Apparat der Sozialdemokratischen Partei Deutschlands, der deutschen Sektion der II. Internationale, sammelten sich allmählich alle Kräfte der Bourgeoisie, von ihren politischen bis zu ihren militärischen Bediensteten, von Ministern und hohen Beamten bis zu den Generalfeldmarschällen.

DIE MEHRHEITSSOZIALDEMOKRATIE

Die Sozialdemokratische Partei Deutschlands war vor dem Kriege von 1914- 1918 die Blüte der Internationale, das Modell der Sozialisten der ganzen Welt. Die in den sozialen Kämpfen auf dem Wege der Reformen erreichten Erfolge hatten ihr die Errichtung einer großartigen Massenorganisation erlaubt, die stolz war auf ihre Errungenschaften, auf ihre Wirkungskraft und ihre Disziplin. Gewiß, die Hervorhebung, des Minimalprogramms, der auf parlamentarischem Wege zu erreichenden "Errungenschaften" verlieh ihrer Aktion einen unbestreitbar reformistischen Charakter. Aber die Partei versprach, der Verwirklichung ihres Endziels, des Sozialismus, treu zu bleiben und hatte eindeutig den "Revisionisten" Bernstein verurteilt, der diese Entwicklung theoretisch zu sanktionieren versucht hatte. Gewiß, die Zentralisierung hatte zur manchmal alles Leben erstickenden Herrschaft einer Funktionärsbürokratie geführt - man hatte den Organisationssekretär, den früheren Sattler Friedrich Ebert, mit einer Spinne in ihrem Netz verglichen - aber der Apparat hatte darum noch nicht alle Diskussionen erstickt:
Linke, Rechte und Mitte stellten im Rahmen der Organisation noch frei ihre Ideen einander gegenüber, wodurch die Revolutionäre die Möglichkeit hatten, ihre Thesen zu entwickeln, wie es seit 1905 ihre Sprecher Karl Liebknecht und Rosa Luxemburg getan hatten. Vor allem faßten die Kader und Mitglieder, treu dem Dogma der "politischen Einheit der Arbeiterklasse", keine Spaltung ins Auge, noch hatten sie diese je ins Auge gefaßt, da sie ihnen als das schlimmste Verbrechen erschien. Lenin selbst weigerte sich am 4. August 1914

die Nachricht vom Verrat der deutschen sozialdemokratischen Abgeordneten zu glauben, als diese im Reichstag die Kredite für den imperialistischen Krieg bewilligt hatten.

Tatsächlich beschloß am 4. August 1914 der sozialdemokratische Apparat, sich auf die Seite des Imperialismus zu schlagen und den Krieg zu unterstützen. Es gab darüber im übrigen überhaupt kaum eine Debatte: die zur Gewohnheit gewordene Zusammenarbeit, die parlamentarische Optik, die Furcht vor der Isolierung und der Unterdrückung erleichterten diesen schmerzlosen Bruch mit einer zur Phrase gewordenen Bindung an den proletarischen Internationalismus und die revolutionären Perspektiven. Statt ihren Apparat in einem revolutionären Kampf aufs Spiel zu setzen, zogen es die deutschen Führer der Sozialdemokraten vor, ihn in den Dienst des Imperialismus zu stellen, indem sie die deutschen Proletarier dazu verpflichteten, ihr Blut im Kampf mit den Proletariern der anderen Länder zu vergießen, in der Erwartung, nach dem Sieg den Sozialismus für sie wie für die besiegten Völker verwirklichen zu können. Die Sozialdemokraten, die jetzt zu "Kaiserlichen Sozialdemokraten" avanciert waren, beteiligten sich am großen Massaker und am großen Betrug, und hielten auf ihre Weise die Moral an der Front und in den Fabriken hoch, als mit dem Etikett "Sozialisten" getarnte Agenten des Imperialismus innerhalb der Arbeiterklasse.

Bei ihnen ließ die russische Revolution nur Haß und Verachtung entstehen. Als respektierliche Männer der Verwaltung sahen sie darin nichts als Unordnung und Anarchie, das traurige Beispiel eines Landes, das keine "staatsmännischen Sozialisten" gehabt hatte, die ihrem Vaterland Chaos und Bürgerkrieg hätten ersparen können. Die gleiche Haltung nahmen sie dann auch gegenüber der aufsteigenden revolutionären Bewegung in ihrem eigenen Lande an. Nachdem sie diese so lange wie möglich erstickt hatten, bremsten sie sie mit allen Kräften, um sich ihr erst dann anzuschließen, als ihr Ausbrechen unvermeidlich schien und als sie wußten, daß eine öffentliche Stellungnahme gegen die Revolution nur dazu führen würde, ihnen den letzten Rest von Glaubwürdigkeit vor einer Arbeiterklasse zu nehmen, die der Schlächterei müde war und verlangte, mit dem Imperialismus ein für allemal Schluß zu machen.

DIE UNABHÄNGIGEN SOZIALDEMOKRATEN

Seit einem Jahr nämlich rang eine andere Arbeiterorganisation mit ihnen um die Führung der deutschen Arbeiterschaft. Vom 4. August 1914 an hatten kleine Gruppen von Revolutionären den Kampf aufgenommen, der sich zugleich gegen die Kriegspolitik der Regierung wie auch gegen die Führung der Sozialdemokratischen Partei richtete. Im August hatte Karl Liebknecht aus reinem Gehorsam gegenüber der Parteidisziplin und gegen sein Gewissen die Kriegskredite mitbewilligt, aber im Dezember brach er die Disziplin und stimmte als einziger im Reichstag dagegen. Nach und nach wuchs die Opposition bei den Kadern und Mitgliedern und fand schließlich Ausdruck in einer Parlamentsgruppe: 17 Abgeordnete schlossen sich 1915 Liebknecht mit der Verweigerung der Kriegskredite an.

Als sie im März 1917 ausgeschlossen wurden, fügten sich die Führer der "Opposition" widerwillig in die ihnen einzig offenstehende Möglichkeit, die Spaltung und die Bildung einer neuen sozialistischen Partei, die Unabhängige Sozialdemokratische Partei Deutschlands (USPD). Entgegen der Absicht ihrer eigenen Führer war sie entstanden und war dementsprechend ganz von den Umständen geprägt. Männer wie Bernstein, ein "rechter Sozialdemokrat" oder

Hilferding und Kautsky, Sozialdemokraten der Mitte, waren keinen revolutionären Motiven gefolgt. Als konsequente Reformisten verurteilten sie lediglich das Übermaß der sie bloßstellenden Prinzipienlosigkeit, das die "Sozialisten des Kaisers" erreicht hatten, und erhoben sich nicht gegen den imperialistischen Krieg selbst, sondern gegen die Annexions- und Eroberungspläne der Regierung. Früher als die Führung der Mehrheitssozialdemokraten hatten sie den Zorn der Arbeiter gespürt, und sie warfen dem Apparat vor, sich von den Massen getrennt zu haben, die damit auf revolutionäre Wege getrieben würden.

Jedoch vom Augenblick ihrer Bildung an sollte die neue Partei der Anziehungspunkt für alle linken Sozialisten und alle Revolutionäre sein.

Außer ihrer gemäßigten Führung umfaßte sie eine kämpferische und aktive Basis, den Sturmflügel der deutschen Sozialisten, Gewerkschaftler und Jugendlichen. So organisierten sich auch bei den Unabhängigen die illegalen Gruppen von Fabrikarbeitern, die im Lande den Widerstand gegen den Krieg organisierten, um dort eine politisch- legale Deckung zu finden. Die revolutionären Obleute in Berlin, die sich im Untergrund aus den Vertrauensleuten (mittleren Kadern der Partei) und Gewerkschaften organisiert hatten, und die die großen Streiks der Berliner Metallarbeiter führten, sozusagen der Generalstab der revolutionären Arbeiter der Hauptstadt, waren praktisch identisch mit dem linken Flügel der neuen Partei. Ebenfalls schlossen sich der USPD die Mitglieder der Spartakusgruppe an, die sich aus der Aktivität der um Karl Liebknecht und Rosa Luxemburg gescharten Leute entwickelt hatte.

Obwohl sie durch ihre Schriften und Reden bekannt waren, hatten dennoch die revolutionären Führer der Linken in der Sozialdemokratie wenig Gewicht gegenüber dem Apparat in der Partei vor dem Krieg. Liebknecht, Träger eines berühmten Namens, Vorkämpfer gegen den Militarismus, war der geistige Kopf politisch bewußter Jugendgruppen, aber hatte kein Gewicht in der Partei. Als Parteimitglieder ausländischer Herkunft wurden Leute wie Rosa Luxemburg und Karl Liebknecht kaum viel ernster genommen in den Führungskreisen, und hatten auf die Basis nur einen beschränkten Einfluß. Außerdem waren sie untereinander wenig verbunden und manchmal sogar durch persönliche Animositäten zerstritten.[1] Der Krieg näherte sie einander an. Zusammen gründeten Liebknecht und Luxemburg die Gruppe "Internationale", aus der die Spartakusgruppe entstehen sollte. Am 1. Mai 1917 verteilte Liebknecht in Uniform (er war mobilisiert worden) Flugblätter gegen den Krieg an die Urlauber und Rekruten auf dem Bahnhof Potsdam und gab in einer kurzen Rede die Losung aus:"Der Feind steht im eigenen Land". Während seines Prozesses fand die erste Massendemonstration statt, an der auf Veranlassung von Richard Müller und seinen Freunden mehr als 50 000 Metallarbeiter teilnahmen und demonstrierten, um ihre Solidarität mit Liebknecht zu bekunden. So gaben die mutige Aktion Liebknechts und die Spartakusbriefe der Gruppe ein Ansehen, das den unmittelbaren Einfluß der Gruppe bei weitem übertraf. Ihr Organisator war Leo Jogiches, Weggefährte von Rosa, auch er polnischer Herkunft, als solcher bekannt unter dem Namen Tychko. Gegenüber dem Apparat der Mehrheitssozialisten bekundeten die Spartakusführer ihre revolutionäre Haltung, im Unterschied zu den Führern der Unabhängigen. Von den ersten Monaten des Jahres 1914 an waren sie sich einig mit Lenin, daß die Spaltung und der Aufbau einer neuen Partei, einer neuen revolutionären Internationale notwendig war. Die russische Revolution fand in ihnen beherzte Verteidiger - obwohl Rosa Luxemburg in ihrer Gefängniszeit schriftlich ihre Beunruhigung über die Unterdrückungspolitik, zu der die Bolschewiki sich gezwungen sahen, geäußert hatte. Liebknecht und Luxemburg erschienen als führende Köpfe der revolutionären deutschen Arbeiterbewegung, und Spartakus als Kern der revolutionären Partei, der zukünftigen kommunistischen Partei. Jedoch auf Grund ihrer Erfahrungen im Kampf mit der sozialdemokratischen Bürokratie widerstrebte ihnen jegliche Zentralisierung. Als revolutionärer Flügel der Partei der Unabhängigen widersetzte sie sich jeglicher zentralisierten und autoritären Organisation der neuen Partei, in der sie selbst nur eine lockere Fraktion bildeten, ohne wirklich feste organisierte Bindung, ja selbst ohne Gruppendisziplin. In Bremen und Hamburg, mit Verbindungen zu Berlin, bildeten sich, nach dem Bruch mit der Mehrheitspartei, Gruppen mit dem Namen "Links-Radikale", die mit Karl Radek in Verbindung standen und ideologisch den Bolschewiki nahestanden. Sich auf eine größere Massenbasis stützend, weigerten sie sich, Spartakus zu folgen und sich der USPD anzuschließen.

Jedoch in der Partei der Unabhängigen bildet sich der erste Keim eines revolutionären Stabs. Das Komitee der revolutionären Obleute, dessen führende Köpfe die Metallarbeiter Richard Müller und Emil Barth bildeten, kooptiert die linken Führer der Unabhängigen, darunter Richard Ledebour und drei Spartakisten , darunter Liebknecht, nach dessen Entlassung aus dem Gefängnis. In Verbindung mit der russischen Botschaft und revolutionären Reserveoffizieren bereiten die Obleute genauestens den Aufstand vor. Die Meuterei der Matrosen in Kiel kommt ihnen zuvor, und ihre ersten Unstimmigkeiten beginnen: Während die Spartakisten Liebknecht und Pieck die Organisation von Straßendemonstrationen und Streiks empfehlen, weist die Mehrheit der Obleute das als "revolutionäre Gymnastik" zurück; ihnen zufolge muß die Arbeiterklasse überall gleichzeitig zuschlagen. Trotz seiner Bedenken angesichts der Gefahr eines Fehlschlages, durch den bei der dann folgenden Unterdrückung die Untergrundorganisation zerschlagen würde, ringt sich das Komitee der revolutionären Obleute zur Losung des Aufstands und des Generalstreiks für den 11. November durch. Die Revolution bricht aber schon am 9. November in Berlin aus. Die Berliner Arbeitermassen fegen die Truppen hinweg. Die Revolution ist siegreich, fast ohne einen Schlag zu tun, die Probleme fangen erst an, sich zu stellen, da die Unabhängigen und Mehrheitssozialdemokraten zu gleicher Zeit an die Macht getragen worden sind.

RÄTEPARLAMENT UND NATIONALVERSAMMLUNG

Die Revolution vom 9. November war, wie Rosa Luxemburg klar gesehen hat, "zu dreiviertel mehr Zusammenbruch des bestehenden Imperialismus als Sieg eines neuen Prinzips," es war noch keine ihrer Ziele bewußte sozialistische Revolution. Aber von den ersten Tagen an bekundete sie ihren politischen Charakter, als sich in den Fabriken, Kasernen und Städten Arbeiter- und Soldatenräte gleich den Sowjets der russischen Revolution bildeten, die die ganze Macht für sich beanspruchten. Die Bewegung war so mächtig, daß sich ihr niemand offen entgegenzustellen versuchte: nicht nur gaben die Mehrheitssozialdemokraten ihre Zustimmung zu den Räten, sondern sogar die Führer des Generalstabs, an ihrer Spitze Hindenburg, akzeptierten sie. Die einzige Frage war, ob die Räte das bleiben würden, was sie praktisch am 9. November waren: die einzige Machtquelle, die alleinige Autorität, oder ob sie, nur als Übergangsgebilde geduldet, auf kurze oder lange Sicht durch eine andere Herrschaftsform abgelöst werden sollten, nämlich durch den mittels Wahl einer Nationalversammlung wieder hergestellten alten bürgerlichen Staat. Um die Räte und die Nationalversammlung ging der wahre Kampf - die des Staates: Arbeiterstaat oder bürgerlicher Staat, Rätestaat, Sowjetrepublik oder bürgerliche parlamentarische Republik ... Der revolutionäre Aufschwung, die unmittelbare Initiative der Massen war so stark, daß die Räte sich überall gebildet hatten, und in ihrem Schoße mußten die Vertreter der bürgerlichen Ordnung den Kampf führen, um sie zu beseitigen, indem sie sich in den Rahmen der Räteherrschaft, die sie vorab nicht zurückweisen konnten, erst einmal fügten, um sie dann von innen umso radikaler zu zerstären.

STELLUNG DER ARBEITERORGANISATIONEN

Die Wahrheit und Eindeutigkeit sind die wichtigsten Waffen der Revolutionäre, deren Ziel es ist, die Massen sowohl zu überzeugen, als auch ihr Bewußtsein zu wecken. Umgekehrt dient die Lüge und die Verwirrung den Zielen der Konterrevolution: in dieser Hinsicht wurde sie weitgehend unterstützt durch die unvermeidliche ideologische Verworrenheit, die der Krieg und der Verrat des sozialdemokratischen Parteiapparates mit sich gebracht hatten.

Nicht nur die Führer der Mehrheitssozialdemokraten, wie Ebert und Scheidemann, sondern die erdrückende Mehrheit der Kader der alten Partei, des Apparats, äußerten den Räten gegenüber die größte Feindseligkeit, duldeten sie zwar, da sie sie nicht beseitigen konnten, aber wünschten vor allem eine Rückkehr zu dem, was für sie das "Normale" war. Der Rätemacht, die als Ausnahme-, als Übergangsform, mit einem Wort als revolutionär angesehen wurde, stellten sie die Macht des Volkes entgegen, die aus allgemeinen Wahlen geboren und aus einer Nationalversammlung hervorgehen sollte. Gegenüber den "zersetzenden" Räten wollten sie um jeden Preis den Staatsapparat des Reichs, die Armee, die Polizei und eine Bürokratie erhalten und sie durch Wahlen zu einer Nationalversammlung legitimieren, welche in ihren Augen den Räten die Daseinsberechtigung entzogen hätte. Gegen die unmittelbare Demokratie der Räte, gegen den neu entstehenden Staat, den Sowjet- und Rätestaat, machten sie sich zu Verteidigern der herrschenden Ordnung durch eine Propaganda für die Nationalversammlung, die die Grundlagen der bürgerlichen Herrschaft, den bürgerlichen Staat und seine Unterdrückungsorgane, retten sollte.

Die Masse der Mitglieder der Mehrheitssozialdemokraten teilt diese Ansicht nicht. Die Sozialdemokraten nehmen im ganzen Land an der Bildung der Räte teil, die sie am Leben erhalten und führen, oft ohne Hintergedanken, weil sie darin ohne weiteres das Instrument zur Verwirklichung des Sozialismus sehen, so wie sie ihn wollen. Als Massenpartei ist die Mehrheitssozialdemokratie im übrigen der Hauptnutznießer des revolutionären Aufschwungs, des Eintritts neuer Schichten in das aktive politische Leben, der neuen Schichten von Arbeitern, Angestellten und entlassenen Soldaten. Für sie ist die von ihnen am 9. November an die Macht getragene Partei die Partei der siegreichen Revolution. Der Widerspruch zwischen ihren Zielen und denen ihrer Führer entgeht ihnen fürs erste: im übrigen werden die, die das "alte Haus" verlassen, durch neue Mitglieder - und über die alte Zahl hinaus - ersetzt. Viele Dinge müssen sich ereignen, bevor die Masse der Sozialdemokraten den Weg erkennt, den Ebert sie führen will, und bevor sie begreift, daß den Räten, die sie aktiv unterstützen, die eigene "sozialistische" Regierung als erster Feind gegenübersteht. Innerhalb der Mehrheitssozialdemokratie jedoch hat eine Minderheit von Kadern den Widerspruch zwischen der Parole der Bildung von Räten und der der Nationalversammlung erkannt. Da sie nicht zwischen den Argumenten für die parlamentarische Demokratie, wie Ebert sie vertritt, und dem Willen der Arbeiter, ihre Räte zu verteidigen und zu erhalten, wählen wollen, erfinden sie eine theoretische Kompromißlösung, die Koexistenz zwischen beiden Organen, den Räten als einer Kammer der Arbeit mit einer Nationalversammlung. Mit einem Wort, sie treten für die Aufrechterhaltung des bürgerlichen Staatsapparates ein, gemildert durch proletarische "Aufsichts-", nicht Machtorgane. Das ist auch die Einstellung der Führer der Unanhängigen, Hilferding, Kautsky, Haase. Von dem Wunsch beherrscht, die normale Ordnung der Dinge wieder herzustellen, das heißt, die bürgerliche und parlamentarische Demokratie, weigern sie sich doch, die den Räten zugetanen Arbeiter vor den Kopf zu stoßen und unterstützen den Kompromiß. In Wirklichkeit haben sich die einen wie die anderen, indem sie für die Nationalversammlung eintreten, an den Karren der bürgerlichen Restauration gehängt. Innerhalb der Arbeiterbewegung unterscheiden sie sich von Ebert und seinen Freunden nur durch ein linkeres Vokabular und eine weniger brutale Ausdrucksweise. Ebenso konterrevolutionär wie diese durch die Weigerung, alle Macht den Räten zu geben, sind sie nach den Worten Liebknechts das "Feigenblatt" der konterrevolutionären Regierung.

Nun besteht aber gerade innerhalb dieser Partei, den Unabhängigen, die stärkste revolutionäre Strömung: die Linke der Unabhängigen, mit der sich die revolutionären Obleute weitgehend identifizieren, tritt von Anfang an für die Rätemacht ein, entschlossen, die Idee der Nationalversammlung mit allen Kräften zu bekämpfen, deren konterrevolutionäre Bedeutung in der Situation, in der Deutschland sich befindet, sie genau erfaßt hat. Obwohl sie entschlossene Befürworter einer Räterepublik, einer Arbeiterdemokratie sind, die auf keinen

Fall mit der Diktatur einer einzigen Partei gleichgesetzt werden kann, sind sich die revolutionären Obleute doch des Widerstandes bewußt, den die Idee der Wahl einer Nationalversammlung bei den von der Mehrheitssozialdemokratie beeinflußten Arbeitern findet. Während sie entschlossen sind, in den Räten gegen eine mögliche Wiederherstellung des bürgerlichen Staates zu kämpfen, sind sie doch sorgsam darum bemüht, jegliches Abenteuer, jeden vorzeitigen Versuch der Revolutionäre, die Macht zu übernehmen, zu vermeiden. solange die Mehrheit der Räte nicht die revolutionären Ideen aufgenommen hat solange nicht die Räte selbst in voller Bewußtheit und auf allen Ebenen den Kampf für die Macht aufgenommen haben.

Das ist auch die Einstellung der spartakistischen Führung, zumindest die von Rosa Luxemburg und von Jogiches, die den endgültigen Sieg der proletarischen Revolution nur am Ende harter Klassenkämpfe sehen und gegen jede vorzeitige Aktion mißtrauisch sind. Ohne daß Meinungsverschiedenheiten klar formuliert worden wären, scheint es doch, als sei die Haltung Karl Liebknechts weniger vorsichtig. Als Befürworter von Massendemonstrationen und der revolutionären Initiative scheut Liebknecht nicht davor zurück, auf die Räteversammlungen Druck auszuüben, zu versuchen, gewissermaßen ihre Beschlüsse zu beeinflussen und ihre geschichtlich notwendige Entwicklung zu beschleunigen. Ihm und vor allem seinen Gefolgsleuten, der Union der Deserteure, werfen das jedenfalls die Revolutionären Obleute und einige seiner Freunde vom Spartakus vor. Aber die Masse der Spartakusanhänger geht noch viel weiter. Politisch geprägt durch die negative Erfahrung mit der Partei und den Gewerkschaften, durch die bürokratische Organisation und die parlamentarische Politik, sind sie leicht bereit, durch "revolutionäre Initiative" und den Druck der Straße extreme Entscheidungen zu erzwingen. Zwar sind die Befürworter der Räte - macht doch auch bereit, wenn die Räte nicht schnell genug ihre Ansicht teilen, deren Führung durch diejenige der "handelnden Minderheiten", ihrer eigenen zu ersetzen. Indem so die drei großen Gruppierungen, Mehrheitssozialdemokraten, Unabhängige und Spartakus innerlich über die Grundsatzfrage, Rätemacht oder Nationalversammlung uneinig sind, ist die deutsche Arbeiterbewegung praktisch in sechs verschiedene Richtungen gespalten.

DER KOMPROMISS VOM 9. NOVEMBER

Der vom letzten Kanzler des Kaiserreichs, dem Prinzen Max von Baden, zum Reichskanzler ernannte Mehrheitssozialdemokrat Ebert, wendet sich sogleich an die Unabhängigen, deren linker Flügel die treibende Kraft der Novemberrevolution gewesen war, und bietet ihnen die Teilnahme an der Regierung an. Nach langen Diskussionem am 9. November kommt ein Kompromiß zu - stande: Sechs "Volksbeauftragte", davon drei Mehrheitssozialdemokraten und drei Unabhängige, werden eingesetzt, quasi zugleich als Reichskanzler und Reichspräsident. Die Ministerien bleiben bestehen, mit demselben Verwaltungsapparat und denselben Staatssekretären, von denen jedoch jeder von zwei " Kontrolleuren" umgeben wird, einem Mehrheitssozialdemokraten und einem Unabhängigen.

So entspricht allem Anschein nach die aus der Novemberrevolution hervorgegangene Regierung dem öffentlichen Charakter einer Revolution, die die rote Fahne zu ihrem Wahrzeichen gewählt hat und ihren sozialistischen Charakter kundtut. Die "Volksbeauftragten" - das Wort ist eine Erinnerung an den russischen Oktober - verkünden in der Tat: "die politische Macht ist in den Händen der Arbeiter- und Soldatenräte, welche später zu einer Versammlung einberufen werden,die das ganze Reich repräsentieren soll".

In Wirklichkeit bleiben, abgesehen vom Kaiser, der geflohen ist, und abgesehen von den sechs Volksbeauftragten, die an die Stelle des Reichskanzlers Max von Baden treten, die Staatsorgane bis in ihre Spitzen in ihrer alten Form bestehen, während die revolutionären "Titel" nur die Verkleidung für die alte parlamentarische Koalition der Sozialdemokratie mit den bürgerlichen Parteien im Reichstag abgeben, aus der die im Amt verbliebenen Minister und Staatssekretäre hervorgegangen sind. Da die Frage der Nationalversammlung einen Gutteil der Unabhängigen gegen die Mehrheitssozialdemokraten mobilisiert, kommen beide Teile am 9. November überein, diese Frage nicht zu stellen, bevor sich die neue revolutionäre Ordnung gefestigt hat.

VOLKSBEAUFTRAGTE UND VOLLZUGSRAT

Angesichts der bestehenden Revolution haben die Mehrheitssozialdemokraten ihre Vorsichtsmaßnahmen getroffen. Schon am 8. November hat sich Ebert in seinem Büro ein Aktionskomitee der Soldatenräte zusammengestellt. Aber das aufgeweckte Berlin ist nicht bereit, sich von Ebert in dessen Büro ein Aktionskomitee der Soldatenräte zusammenstellen zu lassen: Dem Aufruf der Obleute folgend, weigern sich die am 9. November zusammentretenden Soldatenräte, die Autorität des Marionettenkomitees anzuerkennen, und beschließen, am nächsten Morgen Wahlen in allen Fabriken und Kasernen der Hauptstadt zu veranstalten. Um die Zersplitterung der Stimmen der Gemäßigten zu vermeiden, ziehen daher überall die rechten Unabhängigen ihre Kandidatur im Namen der "Einheit der Arbeiterklasse" zugunsten der Mehrheitssozialdemokraten zurück. So sind die Räte etwa zu gleichen Teilen unter die Mehrheitssozialdemokraten und die von den Revolutionären Obleuten geführten linken Unabhängigen verteilt.

Als sich am gleichen Tag die 3 000 Delegierten der Berliner Räte im Zirkus Busch versammeln, beginnt ein harter Kampf. Ebert stützt sich auf die Soldatenräte, die weniger politisiert sind und von einem ihm ergebenen Mann geführt werden, dem Leutnant Colin Ross (später einer der Geopolitiker Hitlers). Sie versuchen, die Wahl eines Vollzugsrates der Berliner Räte zu verhindern, der eine Gegenautorität gegenüber dem Rat der Volksbeauftragten darstellen würde. Unter den Rufen "Einheit, Gleichheit" verhindern die Soldatenräte die Wahl (durch Mehrheitsbeschluß) eines Vollzugsrates. Schließlich wird, dank der Vermittlung der Unabhängigen, ein Kompromiß geschlossen: der gewählte Vollzugsrat setzt sich zusammen aus 13 Unabhängigen, die alle unter dem Einfluß der Obleute stehen, 13 Mehrheitssozialdemokraten und 14 Delegierten der Soldatenräte, darunter auch Colin Ross. Die Wahl des Revolutionären Obmanns Richard Müller zeigt, daß das neue Komitee jedenfalls kein gefügiges Werkzeug Eberts sein wird. Seine Proklamation "An die Arbeiter" wiederholt, daß Deutschland eine "sozialistische Republik" geworden sei, daß darin "alle Macht den Räten" gehöre und daß der Vollzugsrat die Regierung der Volksbeauftragten kontrolliert. So empfängt der schon durch Max von Baden zum Reichskanzler proklamierte und zum Hüter der bürgerlichen Ordnung bestellte Ebert ein zweites Mal die Investitur, diesmal aus den Händen der Berliner Räte, und damit seine revolutionäre "Legitimierung". Getreu dem vortags geschlossenen Kompromiß haben die Mehrheitssozialdemokraten und die Unabhängigen die Frage der Nationalversammlung ausgeklammert. Weder die Presse der Mehrheitssozialdemokratie noch die bürgerliche Presse, das versteht sich, veröffentlichen den Aufruf des Vollzugsrates.

DIE SABOTIERUNG DER RÄTEMACHT

Tatsächlich verhindert der Kompromiß vom 10. November nicht, ebensowenig wie der vom 9. November, daß der Konflikt weiterschwelt. Für Ebert und die Regierung der Volksbeauftragten kommt es fürs erste darauf an, den Staatsapparat zu erhalten und selbst durchzukommen. Während das Mehrheitsblatt "Vorwärts" die Kontrolle des Vollzugsrates über die Volksbeauftragten energisch bekämpft, weil die Arbeiter- und Soldatenräte nur einen kleinen Teil des Volkes repräsentieren, kündigt die immer noch "rein sozialistische" Regierung am 12. November ihre Absicht an, baldigst eine in "gleicher, geheimer, allgemeiner und direkter Wahl gewählte Konstituante" einzuberufen. Der Vollzugsrat begeht die enorme Ungeschicklichkeit, um seine Autorität zu beweisen, am 11. November "allen Autoritäten" zu befehlen, in seinem Namen zu handeln, was Ebert, der selbst im Namen des Vollzugsrates handelt, erlaubt, die ganze Staatsmaschinerie wieder in Bewegung zu setzen. Als am 16. November der Unabhängige Däumig dem Vollzugsrat die Einberufung eines Zentralen Arbeiter- und Soldatenrates vorschlägt, wird er durch eine Entschließung der Freunde Eberts geschlagen, die bereit sind, einen solchen Zentralrat einzuberufen, der seinerseits eine Konstituante einberufen soll. Auf diese Weise ist es Ebert gelungen, innerhalb der höchsten Autorität der Rätemacht, der gewählten Körperschaft der Berliner Räte, die Losung der Wahl zur Nationalversammlung durchzusetzen, eine Losung, um die sich die heilige Allianz aller konterrevolutionären Kräfte zu scharen bereit ist, einschließlich der bislang eingefleischtesten Gegner des allgemeinen Wahlrechts.

Die Lage Eberts bleibt jedoch angesichts der bewaffneten Berliner Arbeiter unsicher. Am 22. November erreicht der Vollzugsrat ein neues Abkommen, das einen wichtigen Teil der revolutionären Grundpositionen rettet: die Volksbeauftragten erkennen erneut an, daß die Macht den Räten gehört, der Vollzugsrat von Berlin handelt weiterhin als Vollzugsrat von ganz Deutschland vor der Einberufung und Wahl des Zentralrates, er allein erteilt vorläufig den Volksbeauftragten das Recht der Machtausübung und behält das Recht, sie abzuberufen. Jedoch regelt dieser Kompromiß im Grunde genommen nichts: wohl ist eine sowjetische Räterepublik verkündet worden, aber der bürgerliche Staatsapparat funktioniert weiterhin, und zwar im Namen der Räte selbst ...

So beginnt in Wirklichkeit die Macht der Räte zu schwinden. Wie Rosa Luxemburg schreibt, daß sie "vor Unzulänglichkeiten, vor Schwächen, vor Mangel an eigener Initiative und Klarheit über ihre Aufgaben es fertiggebracht haben, beinahe am zweiten Tag nach der Revolution die Hälfte der Machtmittel sich wieder aus der Hand entgleiten zu lassen, die sie am 9. November erobert hatten", zugunsten der alten Mächte, die nur durch lokale sozialdemokratische Regierungen mit zum Teil denselben Männer "verjüngt" wurden. In Hessen zum Beispiel haben die traditionellen Autoritäten schlicht die Räte abgelöst, ohne auf Widerstand zu stoßen. Anderswo, insbesondere in Berlin, bemüht man sich darum, sie zur Machtlosigkeit zu verurteilen. Wochenlang verweisen die Büros, Ministerien und bürgerlichen Autoritäten aller Grade alle Bittsteller an den Vollzugsrat: Tausende von Menschen stehen täglich Schlange vor seinem Lokal. Da ihm ein

Verwaltungsapparat fehlt, kann er weder als Vollzugsorgan handeln, noch ihren Erwartungen entsprechen. Der geringste Versuch, sich einen solchen Verwaltungsapparat zu schaffen, wird von der bürgerlichen und mehrheitssozialistischen Partei sofort als Entwicklung einer kostspieligen Schmarotzerbürokratie verschrieen. Nicht nur verfügt der Vollzugsrat über kein eigenes Presseorgan, er verzichtet sogar - im Namen der "Presse - freiheit" - darauf, die Zeitungen zu zwingen, seine Mitteilungen als Nachricht zu bringen. So verlieren die Revolutionäre und die Befürworter der Rätemacht kostbare Wochen, die Ebert ausnutzt, um sich in der Provinz Unterstützung zu suchen, und die ihn eine entscheidende Schlacht gewinnen lassen, die des Rätekongresses.

DER RÄTEKONGRESS

Die Reichskonferenz der Arbeiter- und Soldatenräte, die auf Antrag des Vollzugsrates der Berliner Räte vom Rat der Volksbeauftragten einberufen wurde, kommt in Berlin am 16. Dezember 1918 zusammen und dauert acht Tage. Es wird sofort klar, daß Ebert und seine Freunde dort über eine bequeme Mehrheit - etwa 400 Delegierte - verfügen, von denen 299 der Mehrheitssozialdemokratie angehören, gegen 101 der Unabhängigen, die nur zur Hälfte von den revolutionären Obleuten geführt werden . Weder Liebknecht noch Rosa Luxemburg - und das ist bezeichnend - sind gewählt worden, und so sind die Obleute Richard Müller und Däumig und der Linke Lebedour es, die den revolutionären Flügel führen.

Noch bezeichnender war die berufliche Zusammensetzung der Delegierten auf dem Rätekongreß, nur 179 Arbeiter und Angestellte, gegen 71 Intellektuelle oder Angehörige freier Berufe und 195 Journalisten, Abgeordnete, Partei- und Gewerkschaftsfunktionäre. Der Kongreß spiegelte so weniger den revolutionären Aufschwung vom 9. November als vielmehr die Vergangenheit der deutschen Arbeiterbewegung wider, vertreten durch die alten sozialdemokratischen Parteifunktionäre. Es wäre jedoch falsch, daraus zu schließen, diese Mehrheit von anti-sozialistischen und anti- revolutionären sozialdemokratischen Funktionären verträte eine Mehrheit von antisozialistischen und antirevolutionären Arbeitern. Die Abstimmung der Kongresse über die militärischen Fragen sollte dies beweisen. Vielmehr war der enorme sozialdemokratische Parteiapparat einfach stark genug, um die Arbeiterschaft davon zu überzeugen, daß nichts außer den obskuren Machenschaften der Spartakisten den siegreichen Sozialismus bedrohe und daß einzig und allein die Bestätigung der Nationalversammlung fehle, um den Triumph der Revolution zu besiegeln.

Die Einstellung der Delegierten war gleich in den ersten Augenblicken klar. Linke Unabhängige und Spartakisten (ein Dutzend Delegierte auf dem Kongreß) schlugen vor, Rosa Luxemburg und Liebknecht zu den Debatten hinzuzuziehen, aufgrund der Dienste, die sie der Sache der Arbeiterklasse geleistet hätten. Der Kongreß schlug das ab. Liebknecht versuchte daraufhin, durch Straßendemonstrationen auf die Räte Druck auszuüben. Am ersten Tag bahnte sich eine Arbeiterdelegation gewaltsam den Weg zum Sitzungssaal und forderte im Namen von 250 000 Berliner Revolutionären die Absetzung der Regierung Ebert, die Verkündung der Rätediktatur, die Bewaffnung des Proletariats und den Aufruf zur Weltrevolution. Nach momentaner Einschüchterung nahm der Kongreß die Debatte wieder auf, nachdem die Delegierten wieder abgezogen waren. Gleiche Szenen mit gleichem Ausgang fanden am 20. Dezember statt. Als die Frage der Macht zur Sprache kommt, werden die von Liebknecht organisierten Demonstrationen und die Massendelegationen zu einem zusätzlichen Argument für die Mehrheitssozialdemokraten. Scheidemann als Berichterstatter weigert sich zuzugestehen, daß die Macht den Räten gehören könne, den "Leuten von der Straße", die verlangen, daß ihrem Willen entsprochen wird. Er erklärt ohne Umschweife, daß die Herrschaft der Arbeiter und Soldaten Elend und Unglück für alle bedeuten würde. Ein Antrag der Revolutionäre, die Rätemacht als konstitutionelle Grundlage der sozialistischen deutschen Räterepublik zu erhalten, wird mit 344 gegen 98 Stimmen abgelehnt. Die Delegierten der Räte haben auf die Macht verzichtet und übertragen sie ohne Einschränkung auf den Rat der Volksbeauftragten, während sie dem noch zu wählenden Zentralrat von vornherein jegliche gesetzgebende Gewalt verweigern. Die Revolutionären Obleute, die linken Unabhängigen und die Spartakisten, an ihrer Spitze Richard Müller, Däumig, Ledebour, verlassen daraufhin als Zeichen des Protests den Kongreß, gerade als der neue Zentralrat gewählt wird. In diesen kommen infolgedessen nur Ebert-Leute hinein, und da dem Zentralrat als einzige Funktion nur noch die Kontrolle über die Ebert-Regierung überlassen bleibt, so wird - wie Rosa Luxemburg bissig bemerkt - "der Teufel von seiner Schwiegermutter kontrolliert". Gleichfalls wird noch der Beschluß gefaßt, die Wahl zur Nationalversammlung auf den 19. Januar 1919 festzulegen.

Dergestalt entblößte der Rätekongreß sich selbst der Macht und legte sie in die Hände der Regierung Ebert bis zur Wahl einer Konstituante, von der jeder wußte, daß sie das Ende der Rätemacht bedeutete. Das war der erste große politische Sieg der Konterrevolution, der innerhalb der Räte selbst errungen wurde, in ihrem höchsten Organ. Aber ihr Sieg war nicht auf allen Seiten vollständig: in der Frage der Armee hatte nämlich der Kongreß trotz Ebert wahrhaft revolutionäre Entscheidungen gefällt, die teilweise die Situation umkehrten, indem sie die noch verbleibenden alten Ordnungsmächte aushöhlten.

DER KAMPF UM DIE ARMEE

Die von den Alliierten geschlagene deutsche Armee stellte im Inneren des Landes noch eine beträchtliche Macht dar. Die Truppen von der Westfront waren noch kaum von der revolutionären Infektion angesteckt und infolgedessen noch fest in den Händen der Offiziere. Der große Generalstab, Generalfeldmarschall Hindenburg, und das eigentliche politische Gehirn der Armee, General Groener, waren bemüht, sie sich für einen eventuellen Einsatz gegen die Revolutionäre zu erhalten. Vom ersten Moment an begriffen sie die wahren Absichten Eberts und die Rolle, die er zu spielen gedachte, und stellten sich ihm "für den Kampf gegen den Bolschewismus" zur Verfügung. Der geheime Telefondraht, der Ebert von diesem Tage an mit dem Hauptquartier Groeners verbindet, ist das materielle Band dieser Allianz zwischen der sozialdemokratischen Führung und der obersten Heeresleitung gegen die Revolutionäre. Mit viel Opportunismus akzeptierte der Generalstab ohne Zögern die Sozialdemokratie, um sie während einer ganzen Periode für seine politischen Ziele zu gebrauchen.

DIE RÜCKKEHR DER ARMEE

Bereits am 9. November bittet Ebert Hindeburg darum, den Oberbefehl weiterzuführen. Seine Anweisung lautet:

"Dort, wo sich Soldatenräte gebildet haben, haben sie rückhaltlos die Offiziere zu unterstützen, um die Ordnung und Disziplin aufrecht zu erhalten." Als sich am 10. November die sieben Mitglieder des Vollzugsrates der Soldatenräte dem Generalstab vorstellen, führt der sie empfangende Oberleutnant Faupel sie vor eine Karte und fragt sie, ob sie sich angesichts der überwältigenden Aufgabe des Rückzuges für berechtigt hielten, die technische Arbeit der Offiziere zu stören und durch ihre ungestüme Einmischung die Katastrophe herbeizuführen. Die Soldatenräte, beeindruckt von der technischen Aufgabe und von der Übereinstimmung, die zwischen den Generälen und der sozialdemokratischen Regierung herrscht, beugen sich: sie selbst rufen die Soldaten auf, den Rückzug geordnet und diszipliniert unter der Führung der Offiziere anzutreten. Und so geschieht es auch. Durch diesen ersten Erfolg ermutigt, glaubt Groener, weitergehen zu können. Der Vollzugsrat der Soldatenräte ist so gefügig, daß der Generalstab den Plan faßt, den Kongreß der Soldatenräte als eine Waffe gegen die Arbeiterräte, und vor allem den Berliner Vollzugsrat zu gebrauchen. Mit dieser Absicht wird am 1. Dezember in Ems der Kongreß der Frontsoldaten einberufen. Aber die Situation hat sich grundlegend geändert; zurück in der Heimat und in Kontakt mit revolutionären Elementen, bestehen die Truppen nicht mehr aus disziplinierten Soldaten wie bis zum Rückzug; diejenigen, die hier diskutieren, mucken gegen das Kommando auf, verweigern die blinde Disziplin. Barth als Abgesandter des Vollzugsrates zersteut ihre Vorbehalte gegen die Arbeiterräte. Der Kongreß selbst rebelliert, fordert die Erweiterung der Macht der Arbeiterräte, lehnt den von den Leuten des Generalstabs vorgeschlagenen Mißtrauensantrag gegen den Vollzugsrat ab. In bester Ordnung in die Heimat zurückgekehrt, löst sich die Armee dort auf: Die Disziplin und Autorität der Offiziere wird täglich mehr erschüttert. In dem Augenblick, in dem der Generalstab sich fragt, ob er in seinen Händen nicht eine bewaffnete Macht bewahren kann, die die Revolution vernichten könnte, gerade in diesem Augenblick fällt der Kongreß der Arbeiter- und Soldatenräte im Dezember radikale Entscheidungen auf dem Gebiet der militärischen Fragen, durch die er zum ersten Mal die revolutionären Errungenschaften des 9. November, auch gegen den Willen des mehrheitssozialdemokratischen Parteivorstandes verteidigt. Nach zwei Tagen fieberhafter Auseinandersetzungen und nach der Rede des linken Unabhängigen Barth, der die Auflösung des Offizierskorps fordert, bittet Ebert die Delegierten inständig darum, keine übereilten und unüberlegten Entscheidungen zu fällen.

Der Kongreß folgt ihm nicht. Mit einer ebenso überwältigenden Mehrheit wie der, mit der er die Proklamierung der Rätemacht angelehnt hat, stimmt der Kongreß diesmal einer von einem Hamburger Unabhängigen vorgeschlagenen Entschließung zu:

"Das Kommando über die Truppen geht auf die Volksbeauftragten und den Vollzugsrat über, und in den Garnisonen auf die Soldatenräte; alle Rangabzeichen und die außerdienstliche Disziplin sind abgeschafft; die Offiziere werden von jetzt an gewählt; die Abschaffung des stehenden Heeres und die Ersetzung durch eine Bürgerwehr wird beschleunigt."

Es gelingt Ebert nicht einmal, über eine Resolution abstimmen zu lassen, nach der diese Beschlüsse nur Richtlinien sind, die die Regierung auszuführen habe. Wohl hat sich der Kongreß von der SPD-Führung in der Frage des Staats dupieren lassen, beeindruckt von den "demokratischen Argumenten" der Parteigänger der Konstituante gegen die Rätemacht, aber die Delegierten folgen ihr nicht in der Frage der Armee und des Offizierskorps, zur Erhaltung dieser Privilegiertenkaste, dem Bollwerk der bürgerlichen Ordnung in Deutschland. Ihre Entscheidung stellt jedenfalls das Übereinkommen zwischen Ebert und Groener in Frage : der Generalstab weigert sich, die Armee aufzulösen und ist entschlossen, Gewalt anzuwenden, um die Revolutionäre zu unterdrücken ,bevor es zu spät ist und er seine letzten Truppen verloren hat.

ERSTE ZWISCHENFÄLLE MIT DER ARMEE

Die Berliner Arbeiter sind zwar bewaffnet, bilden aber noch keine organisierte Macht. Im Vollzugsrat ist der Antrag des Unabhängigen Däumig, eine Rote Garde zu bilden, abgelehnt worden, und zwar auf die Drohung der von Colin Ross beeinflußten Soldatenvertreter hin, ihre Bildung notfalls mit Gewalt zu verhindern, wodurch die Rolle der Soldatenräte zu einem Nichts geschrumpft wäre. Knapp 3 000 Milizionäre, die der am 9. November eingesetzte Polizeipräfekt, der Unabhängige Eichhorn, rekrutiert hat und die 5 000 Matrosen von der "Volksmarine-Division" sind die einzigen Streitkräfte, die die Arbeiterschaft als die ihren ansieht. Obendrein sind die Milizionäre Eichhorns hauptsächlich Verkehrsschutzleute, und die Matrosen etwas beunruhigende Söldner, die lange von einem mit reaktionären Kreisen in Verbindung stehenden Abenteurer, dem Grafen Metternich, befehligt wurden , der erst Ende Dezember seinen Befehl an den Liebknecht nahestehenden Leutnant Dorrenbach abgegeben hat.

Am 6. Dezember haben neuorganisierte Elemente der Armee, die Freikorps, einen Überraschungsschlag zu führen versucht; geführt von einem Unteroffizier, der übrigens selbst Mitglied des Vollzugsrates ist, dem Obergefreiten Spiro, versuchen sie, die Mitglieder des Vollzugsrates zu verhaften und bieten Ebert die Diktatur an. Zur gleichen Zeit schießen die Leute von der Polizeikommandatur des Sozialdemokraten Wels auf eine Demonstration der Union der Deserteure, die mit den Spartakisten in Verbindung stehen und treue Unterstützung von Liebknechts Demonstrationen bildeten. Die Spannung wächst, und mehr und mehr stellen sich die Berliner revolutionären Arbeiter gegen die Regierung Ebert. Am 23. Dezember besetzen die Matrosen nach einem um ihre Besoldung ausgebrochenen Konflikt die Reichskanzlei, stellen die Volksbeauftragten unter Hausarrest, mißhandeln Wels und behalten ihn als Geisel. Nur die Geheimleitung Eberts entgeht ihnen, und so kann dieser einen Hilferuf an den General Groener senden. Am 24. Dezember dringen die vom Generalstab entsandten und von General Lequis kommandierten Truppen in Berlin ein und greifen die Matrosen an: die militärische Lage ist ungleich, und die Matrosen sind bereit, sich zu ergeben, als sich die Situation schroff wendet: "Mit Blitzesschnelle verbreitet sich das Gerücht einer von den Offizieren vorbereiteten monarchistischen Konterrevolution. Die einen gegen die anderen gedrängt, Frauen und Kinder schreiend in der ersten Reihe, stößt die Masse mit dem Truppenkordon zusammen ... Man fragt die Soldaten, ob sie mit den Offizieren gemeinsame Sache machen wollen gegen das Volk ... Bestürzt schauen sich die Soldaten nach allen Seiten um. Die einen werfen ihre Gewehre ab, die anderen werden entwaffnet... In einem Augenblick ist der Kordon durchbrochen, die schreiende Menge steht im Rücken der Truppe." (Volkmann: Revolution über Deutschland")

In dieser tragischen Situation retten die Unabhängigen Dittmann und Hasse Ebert, Ebert rettet die Armee, jeder von ihnen versucht, die Kämpfenden zu beruhigen mit dem Befehl, das Feuer einzustellen und den Kampf zu beenden, der am Heiligabend aufhört. Aber das geflossene Blut hat unwiderruflich einen Einschnitt markiert zwischen den Berliner revolutionären Arbeitern und der sozialdemokratischen Regierung. Der kleinste

Funke genügt, um Feuer ans Pulverfaß zu legen, um so mehr,als der Generalstab entschlossen ist zuzuschlagen, solange er noch kann, bevor die Revolutionäre sich eine ausreichende Organisation haben schaffen können. Ab Weihnachten 1918 kann man eine Kraftprobe erwarten.

DIE GRÜNDUNG DER KOMMUNISTISCHEN PARTEI DEUTSCHLANDS

Das Ende des Jahres 1918 und der Anfang des Jahres 1919 werden vom Gründungskongreß der DKP gekennzeichnet (29. Dezember - 1, Januar). Vom 9. November an war Spartakus praktisch als selbständige Organisation aufgetreten. Obwohl seine Mitglieder weiterhin offiziell der USPD angehörten, führte die Gruppe jedoch ein eigenes Organ, "Die Rote Fahne", nachdem sie das Lokal einer bürgerlichen Zeitung, des "Lokal-Anzeigers" besetzt hatte. Wir haben gesehen. welche Rolle Larl Liebknecht in diesen Wochen spielte, der zum Führer der Revolutionären Obleute wurde, nachdem diese ihn Ende Oktober zu ihrem Ausschuß zugezogen hatten. Es scheint, als hätten die Spartakisten Meinungsverschiedenheiten über die Linie gehabt, die man befolgen muß: sollte man als revolutionäre Richtung in der USPD weiterkämpfen? Oder sollte man mit dieser wirren Organisation brechen und eine revolutionäre, kommunistische Organisation errichten? Darum ging die Auseinandersetzung.

Es ist unbekannt, unter welchen Umständen die Frage diskutiert wurde. Auf jeden Fall war jedoch, angesichts der Dringlichkeit der Lage, die wichtigste Aufgabe, in der einen oder anderen Form und ohne Aufschub eine von den revolutionären Arbeitern anerkannte Führung zu schaffen, die deshalb mindestens die revolutionären

Obleute umfassen mußte, die einzige revolutionäre Gruppe, die bei der Berliner revolutionären Arbeiterschaft einen wirklichen Rückhalt hatte. Es ist auch unbekannt, welche Diskussionen in dieser Hinsicht innerhalb von Spartakus stattgefunden haben. Es scheint, daß Leo Jogiches zumindestens gegen den Bruch mit der USPD war, den er für verfrüht hielt. Es scheint auch, daß Karl Radek, der als Delegierter der Bolschewiki kam, mit all seinem Einfluß auf einen schnellen Bruch drängte, zugunsten der Bildung einer wahrhaft kommunistischen Partei. Jedenfalls tritt auf der Konferenz der Linksradikalen am 24. Dezember Jogiches im Namen von Spartakus gegen die Vereinigung der beiden ein, die den Bruch mit den Unabhängigen bedeutete, wogegen Radek mit einer leidenschaftlichen Rede erreicht, daß der Grundsatz der Vereinigung zwischen Linksradikalen und Spartakus zur Bildung einer Kommunistischen Partei angenommen wird. So war anscheinend der Beschluß zum Bruch gefaßt worden: in der Tat übersandte das Exekutivkomitee von Spartakus dem Exekutivkomitee der USPD am gleichen Tag ein richtiggehendes Ultimatum mit der Forderung, vor Ende des Jahres einen Nationalkongreß einzuberufen; die Frist war so kurz, daß es nichts anderes bedeuten konnte, als die Entschlossenheit von Spartakus, sich als unabhängige Organisation zu konstituieren. Das ist übrigens die erste auf der Spartakuskonferenz gefällte Entscheidung, die so zum ersten Kongreß der KPD wird, nach einem Bericht von Karl Liebknecht, der feststellte, daß die Linke der USPD nicht mehr zu korrigieren und daß die Stunde gekommen sei "eine neue unabhängige Partei aufzubauen, mit einem klaren Programm, einem festen Ziel, einer einheitlichen Taktik, höchster Entschlußkraft - und Schlagkraft und größter revolutionärer Energie". Die Schwierigkeiten beginnen sogleich, als es darum geht, das Programm und die Taktik der neuen Organisation festzulegen. Rosa Luxemburg hatte, in ihrer bemerkenswerten 'Rede zum Programm" die deutsche Situation analysiert und die Orientierung des an diesem entscheidenden Wendepunkt tagenden Parteikongresses vorgezeichnet. Sie hatte die Kongreßteilnehmer aufgefordert, sich die Bedeutung der von den Revolutionären im Rätekongreß erlittenen Niederlage klar zu machen. Ihr zufolge handelte es sich für die Kommunisten darum, das langwierige Werk der Eroberung der Massen auf sich zu nehmen, die beständige Erweiterung des Betätigungsfeldes der Räte zu betreiben, alle Möglichkeiten, einschließlich der Wahlen zur Nationalversammlung und deren Tribüne auszuschöpfen für die revolutionäre Propaganda und Agitation. Sie warnte die junge Partei vor der Versuchung der revolutionären Ungeduld, der Versuchung, vor der Eroberung der Massen die Regierung Ebert stürzen und damit die "Illusion des 9. November weiterpflegen und wiederholen, als sei es überhaupt für den Verlauf der sozialistischen Revolution genügend, die kapitalistische Regierung zu stürzen und durch eine andere zu ersetzen". Für sie kann der Sturz Eberts nur der krönende Abschluß einer langen Reihe täglicher Kämpfe um die Rätemacht im ganzen Lande sein.

In Übereinstimmung mit dieser Analyse fordert Paul Levi als Vertreter der Parteiführung die Teilnahme der Partei an den Wahlen, um die "gleichgültigen oder enttäuschten Massen zu gewinnen". Auch Rosas ganze Autorität reichte nicht aus, um den Kongreß zu überzeugen. Liebknecht selbst schien zu zögern. Die Kongreßteilnehmer folgten Otto Rühle, für den die Teilnahme an den Wahlen politischer Selbstmord bedeutete und der nicht zögerte zu erklären: "Wenn die Verfassungsgebende Versammlung aus Furcht vor den Massen nach Schilda geht, dann werden wir eine neue Regierung in Berlin bilden." Mit 62 gegen 23 Stimmen lehnt der Kongreß die Teilnahme an den Wahlen ab. Die gleichen sektiererischen und ultralinken Strömungen siegen in der Diskussion über die Gewerkschaftsarbeit, bei der die Kongreßteilnehmer denjenigen Delegierten zustimmen, die den Austritt der Revolutionäre aus der Gewerkschaft fordern. So nahm paradoxerweise die neue Partei in entscheidenden Punkten Stellung gegen ihre eigene Führung, indem sie Entschließungen verabschiedete, die in unmittelbarem Widerspruch zu ihrem Programm standen, ohne daß eine wirkliche politische Diskussion über die Aufgaben und Perspektiven der Stunde stattgefunden hätte. Rosa macht gegenüber der Mehrheit der Partei deutlich, daß sie den Sturz der Regierung so schnell wie möglich wünschte, trotz der Niederlage der Revolutionäre im Rätekongreß und trotz dem Rückschlag der Rätebewegung. Das waren bedenkliche Stellungnahmen, umso mehr als sich die zahlenmäßig schwache Partei eine nur äußerst lasche Organisationsform gab, die den Ortsgruppen volle Autonomie gab und die Rolle der Führung darauf beschränkte, einzuholen und zusammenzufassen, was "draußen passierte".

Kaum gegründet, schien die Partei schon bei den ersten Meinungsverschiedenheiten über die Taktik auseinanderzufallen. Vor allem aber verhinderten die Beschlüsse ein Zusammengehen mit den Revolutionären Obleuten. Beunruhigt über die "putschistischen" Stellungnahmen des Kongresses, verhängten diese die Zurücknahme des Beschlusses über den Wahlboykott und die Abschaffung des Etiketts Spartakus. Der Kongreß lehnte ab. Tatsächlich hatte die Gründung der Kommunistischen Partei der deutschen Arbeiterklasse weiter nichts gebracht, als eine weitere Organisation, ohne Zusammenhalt, unfähig, die Kader der revolutionären Arbeitervorhut Berlins zusammenzufassen. Jogiches sah dadurch seine These bestärkt: Ihre Gründung war verfrüht.

Die Änderung des Namens Spartakus hatte der deutschen Arbeiterklasse nichts gebracht, die eine revolutionäre Führung brauchte, deren wesentlicher Bestandteil die revolutionären Obleute wären.

NOSKE

Im gleichen Augenblick, als die Beschlüsse der Kommunistischen Partei das Weiterbestehen der taktischen Uneinigkeit, der organisatorischen Zusammengehörigkeit, der politischen Richtungslosigkeit der revolutionären Kräfte erkennen ließ, wurde im Rat der Volksbeauftragten durch den Austritt der Unabhängigen der Platz für einen Mann frei, der zuzuschlagen entschlossen war. Als langjähriger Parteifunktionär war der ehemalige Holzfäller Gustav Noske der Mann des Apparats schlechthin. Ein Verteidiger des Kolonialismus vor dem Krieg, war er während des Krieges zu einem Sozialisten der Generäle geworden. General Groener selbst hatte Ebert seinen Eintritt in die Regierung empfohlen. Als Gegner des Aufschubs bot Noske ohne Zögern nach einigen Worten seine Dienste als "Bluthund" an. Dazu besaß er das unentbehrliche Instrument in den Freikorps, das heißt von Freiwilligenkorps, die auf Veranlassung des Generalstabs aus dem Bodensatz der alten Armee gebildet und in den Aufgaben des Bürgerkrieges trainiert wurden, erfüllt von fanatischem Judenhaß und Haß auf die "Bolschewiken". Nachdem General Groener sie am 29. Dezember inspiziert hatte, konnte er ausrufen: "Der Kampf kann beginnen" und Noske versicherte Ebert am 4. Januar: "Das Rad wird sich drehen".

DER VORWAND

Anlässe fehlen den Berliner Revolutionären nicht, um sich in einen vorzeitigen Kampf hineinziehen zu lassen und sich so von der Arbeitermasse zu isolieren. Der schwerwiegendste Zwischenfall ist in dieser Hinsicht sicher die Besetzung des Lokals der sozialdemokratischen Zeitung "Vorwärts", ein altes Organ der Opposition, das der Apparat während des Krieges an sich gerissen hatte, durch eine Gruppe von Spartakisten. Es erlaubte der Regierung und SPD- Propaganda wieder einmal ,die Spartakisten als die einzig wahre Bedrohung für die Arbeiterfreiheiten hinzustellen. Die Berliner Massen, die begonnen hatten, in der Woche zuvor die Truppen des Generals Lequis zu schlagen, murrten nicht, wenn sie glaubten, es werden nur die "Leute von der Straße" geschlagen, die gewaltsam die sozialdemokratischen Zeitungen beschlagnahmen, während doch die sozialdemokratische Regierung ihrer Presse und ihren Rednern volle Freiheit gewährt.

Die so geschaffenen Voraussetzungen waren günstig. Die Regierung Ebert holte, ihren Vorteil ausnutzend, zum entscheidenden Schlag aus und setzte den sozialistischen Polizeipräfekten, den Unabhängigen Eichhorn, ab. Eichhorn beschloß, Widerstand zu leisten. Am gleichen Tag spaltete sich das Zentralkomitee der Kommunistischen Partei, indem es sich einerseits weigerte, Liebknecht zu folgen, der die Verteidigung Eichhorns durch unmittelbare und bedingungslose Vereinigung der revolutionären Organisationen Berlins, der Unabhängigen (in Berlin von der Linken geführt), der Revolutionären Obleute und der Kommunisten forderte ... Es weigerte sich ebenso, Jogiches zu folgen, der einen öffentlichen Widerruf Liebknechts forderte. Zwar war das Zentralkomitee gegen die Verteidigung Eichhorns, die sich in einen Kampf für den Sturz Eberts zu verwandeln drohte, aber es erlaubte Liebknecht doch, seine Aktivität auf "eigene Verantwortung" fortzusetzen. Die junge Partei schwankte bereits in einer lebenswichtigen Frage.

Am 4. Januar beschloß Noske, Gewalt anzuwenden, um Eichhorn abzusetzen. Obleute und linke Unabhängige riefen, da sie sich auf Widerstand geeinigt hatten, zu einer Massendemonstration und zum Generalstreik auf. Zwei Tage lang waren die Revolutionäre die Herren Berlins, und die Regierung war ohnmächtig. Zwei Haltungen waren möglich: in Verteidigungsstellung bleiben, einem verfrühten Kampf ausweichen, verhindern, daß ein Kampf um Eichhorn geführt wird, mit einem Wort, die Taktik Lenins vom Juli 1917 anwenden; oder aber aufs Ganze gehen, die Macht in Berlin übernehmen und sich bemühen, das übrige Deutschland zu erobern, was nicht unmöglich, aber wenig wahrscheinlich war. Die Arbeiterführer taten das Schlimmste: sie gaben zwei Tage lang nur die Losung aus zu demonstrieren, und als die Arbeiter des Schreiens müde nach Hause gegangen waren, entschieden sie sich für den Aufstand ... Jedoch die Unabhängigen waren dagegen, die Mehrheit der Obleute, Müller an der Spitze, hielten den Aufstand für verfrüht und abenteuerlich... Trotz Däumig und dem revolutionären Delegierten der Soldatenräte Albrecht, welche die fantastischen Berichte Dorrenbachs über 2 000 Maschinengewehre und 20 Kanonen, die revolutionäre Soldaten angeblich nach Berlin bringen sollten, energisch dementierten, trug Liebknecht die Entscheidung davon, daß für den Sturz der Regierung zu kämpfen sei. Der provisorische Revolutionsausschuß mit 53 Mitgliedern und einem Dreierpräsidium: Liebknecht, Ledebour und Scholze[2] proklamierte vergeblich in letzter Stunde die Revolutionsregierung Liebknecht- Ledebour- Scholze: die Freikorps hatten sich leicht durchgesetzt gegen nur etwa 3 000 Kämpfer. Ein Regiment sozialdemokratischer Arbeiter, befehligt von einem Redakteur des "Vorwärts", und ein Teil der Milizionäre von Eich -

horn verstärkten sogar die Ordnungstruppen, während dieVolksmarinedivision, trotz der Versprechen Dorrenbachs, neutral blieb. Am 12. Januar war alles zu Ende. In einer letzten vergeblichen Geste hatte das Zentralkomitee der Kommunistischen Partei Liebknecht im Stich gelassen.

DIE ERMORDUNG VON LIEBKNECHT UND LUXEMBURG

Getrennt durch tiefe Meinungsverschiedenheiten sollten sich die beiden deutschen Kommunistenführer jedoch zusammenfinden, um Seite an Seite die letzten Minuten ihres Kampfes zu erleben. In ihrem letzten Artikel, erschienen am 14. Januar, versichert Rosa Luxemburg: "Vor die Tatsache der frechen Provokation gestellt, war die revolutionäre Arbeiterschaft gezwungen, zu den Waffen zu greifen, Ja, es war Ehrensache der Revolution, sofort den Angriff mit aller Energie abzuschlagen." Sie unterstreicht den "zwiespältigen Charakter dieser Krise, den Widerspruch zwischen dem kraftvollen, entschlossenen, offensiven Auftreten der Berliner Massen und der Unentschlossenheit, Zaghaftigkeit, Halbheit der Berliner Führung" und schließt daraus: "Die Führung hat versagt. Aber die Führung kann und muß von den Massen und aus den Massen heraus neu geschaffen werden". Für Liebknecht war - der gleichen Nummer der "Roten Fahne" zufolge - die Niederlage "eine Bestimmung der Geschichte, die Revolution war nicht reif und dennoch war der Kampf unvermeidlich." Die revolutionären Arbeiter wurden geschlagen, weil ihre Kraft durch die Unentschlossenheit und Schwäche der Führung gelähmt war, die sie sich gegeben hatten.

Rosa Luxemburg und Karl Liebknecht hatten, da sie die berliner Arbeiter nicht im Stich lassen wollten in ihrer Niederlage, sich in der Wohnung eines Freundes in der

Vorstadt versteckt. Sie wurden vom Freikorps entdeckt und auf Befehl der Offiziere ohne Umschweife umgebracht. Das war die größte Niederlage der so ihrer Köpfe beraubten revolutionären Bewegung. Mit der Ermordung der beiden Führer der jungen Kommunistischen Partei verhinderte die deutsche Bourgeoisie für lange Jahre die Bildung einer revolutionären Partei, deren Autorität sich hätte unter den Massen festigen können. Sie sicherte so ihren unmittelbaren Sieg in ganz Deutschland und die Beseitigung der revolutionären Herde, der sie sich während des Jahres 1919 widmen sollte. Sie beraubte die Arbeiterschaft Deutschlands und der Welt für Jahrzehnte der beiden einzigen Führer, deren Ansehen dem der bolschewistischen Führer gleichkam: die Zukunft des deutschen Kommunismus, wie die der III. Internationale sollte an diesem unersetzlichen Verlust noch schwer zu tragen haben.

Karl Liebknecht an der Spitze einer Demonstration in Berlin

Karl Liebknecht 1918 auf einer Massenkundgebung im Berliner Tiergarten

1919 - 1922

Wir haben gesehen, wie zwischen November 1918 und Januar 1919 die Revolution der Arbeiter- und Soldatenräte die Führer der Mehrheitssozialdemokratie, die Ebert, Scheidemann,Noske an die Macht gebracht hatte. Es war der Bourgeoisie gelungen, indem sie sich auf den sozialdemokratischen Apparat und die demokratischen Illusionen der Massen stützte, durch die Mittelsmänner Ebert und Konsorten ihren Staat und ihre Armee zu retten und durch die Einberufung einer Nationalversammlung, die von den Delegierten der Räte gebilligt worden war, die Grundlage für die Zerstörung der Rätemacht selbst zu schaffen. Selbst nachdem die Regierung Ebert-Noske die Berliner Arbeiter zu einem aussichtslosen Einzelkampf hatte herausfordern können, war es ihr gelungen, Anfang Januar 1919 den vorzeitigen Aufstand der Berliner Revolutionäre niederzuwerfen, und dabei wurde - durch die Ermordung von Karl Liebknecht und Rosa Luxemburg - die junge Kommunistische Partei Deutschlands ihrer führenden Köpfe beraubt. Die revolutionäre Krise war damit keineswegs beigelegt. Die inter-imperialistischen Widersprüche, die den großen Weltkrieg verursacht hatten, waren durch den Waffenstillstand und den Sieg der Entente nicht beseitigt worden. Eben so wenig war die wirtschaftliche Krise des deutschen Kapitalismus durch die Perspektive der politischen Siege beseitigt, die sich für ihn nach den Januartagen 1919 eröffnete. Bevor diese Krise überwunden war, dauerte es noch Jahre, in denen das Proletariat versuchen konnte, die politische Macht zu erringen. Hier sollen diese Versuche dargestellt werden, und zwar nacheinander die Periode 1919 - 1922 und dann das entscheidende Jahr 1923. Um zum Verständnis der im eigentlichen Sinne politischen Ereignisse im Kampf des deutschen Proletariats beizutragen, soll hier eine - wegen Platzmangel nur kurze - Skizze der wirtschaftlichen Krise des deutschen Imperialismus im Rahmen der Weltwirtschaftskrise nach dem Krieg vorausgeschickt werden.

DIE LAGE DES DEUTSCHEN IMPERIALISMUS NACH DEM WELTKRIEG

Zweierlei Krisen gleichen Ursprungs, aber mit unterschiedlichen Auswirkungen erschütterten den deutschen Imperialismus nach dem Ersten Weltkrieg. Die grundlegende Krise, die für den Ausbruch des Krieges mitbestimmend war, entspringt dem Umstand, daß dies hochindustrialisierte und dichtbevölkerte Land dem Weltmarkt völlig ausgeliefert ist. Der Überschuß an Konsumgütern und die für die deutsche Wirtschaft nötigen Rohstoffe wurden vor dem Krieg durch die Erzeugung wichtiger Exportgüter und durch die Profite von im Ausland investierten Kapitalien bezahlt. Der Krieg hat jedoch zugleich die Investition im Ausland und die Exportmöglichkeiten zerstört. Es wurde notwendig, sich Rohstoffe und Konsumgüter zu beschaffen, um dem in Deutschland durch den Krieg entstandenen Elend zu begegnen. Das war jedoch unmöglich. Dazu kam der Verlust von Elsaß-Lothringen, wichtiger Industriebereiche auf polnischem Gebiet, der Verlust der Kolonien und die Reparationsforderungen der Entente.

So wird die Strukturkrise von einer konjunkturellen Krise überlagert, die bei der Beendigung der Feindseligkeiten entstanden ist: die ganz auf die Kriegsproduktion ausgerichtete deutsche Wirtschaft muß umgestellt werden, und das, ohne auf ausländisches Kapital zählen zu können, da die Siegermächte aus ihren Investitionen ein Druckmittel für die Unterzeichnung der Friedensverträge machten. Das Elend, die Erschöpfung und auch der revolutionäre Wille der deutschen Arbeiter - ihr Wille, nicht mehr für die alten Herren zu arbeiten - führen überdies zu einem radikalen Absinken der Produktion. Im ersten Jahr der deutschen Republik zeigen sich die krassen Erscheinungen der Krise: 1/4 der deutschen Arbeiter ist arbeitslos, Geldentwertung, Folge der angesichts der Reparationsforderungen ausgelösten Inflation, bei der Mitte 1919 das Geld auf 1/3 seines Wertes reduziert wird.

Der Abschluß des Versailler Vertrages im Juni 1919 war der Versuch, ein neues System der kapitalistischen Weltherrschaft zu errichten, das sich auf die Hegemonie der Siegermächte USA, England, Frankreich und Japan stützen sollte. Die Reparationen, die dazu bestimmt waren, dem französischen Imperialismus die Wiederherstellung eines wirtschaftlichen Gleichgewichts zu ermöglichen, lasteten schwer auf der deutschen Wirtschaft, und es waren die Arbeiter, die diese Lasten größtenteils zu tragen hatten. Die Reparationsforderungen überstiegen gewissermaßen sogar die Möglichkeiten des deutschen Kapitalismus, da sie seine Wiederherstellung zu sehr belasteten. Die deutsche Bourgeoisie entschloß sich jedoch, durch die Vertreter ihrer entscheidendsten Wirtschaftszweige, die Versailler Bedingungen zu akzeptieren. Trotz der extremen reaktionären und nationalistischen Elemente, die gegen die "Schande" und die "Demütigung" des imperialistischen Vertrages Front machten, waren sie bereit, das Spiel zu wagen: schließlich konnte nur der Abschluß des Versailler Friedensvertrages dem deutschen Kapitalismus ermöglichen, auf dem Weltmarkt einen Platz einzunehmen, der sich nach Beendigung der Feindseligkeiten anbot. Nur der Abschluß des Friedensvertrages konnte dem deutschen Imperialismus erlauben, die Gegensätze zwischen den siegreichen imperialistischen Mächten auszunützen und eine Allianz mit England und den USA gegen den französischen Imperialismus einzugehen. Die Weigerung, das Versailler "Diktat" zu unterzeichnen, hätte nur zu einer Verschärfung der Krise und damit zu einem baldigen neuen revolutionären Ausbruch geführt, dem zu entkommen unmöglich gewesen wäre.

Die Rechnung sollte aufgehen: Der - dank der Sozialdemokratie und der Freikorps - 1918 - 1919 über die revolutionäre Welle errungene Sieg, ermöglichte nach der Unterzeichnung des Friedensvertrages, die Krise zumindest vorläufig zu überwinden, oder vielmehr die Konjunkturkrise zu überwinden, die am Ende des Krieges entstanden war. Die Wirtschaftsmaschinerie begann sich wieder in Bewegung zu setzen, die Produktion stieg, die Ausfuhr entwickelte sich. Zwischen 1919 und 1922 erlebte der deutsche Kapitalismus eine Periode relativer Stabilität. In dieser Periode verfolgte die junge Kommunistische Partei unbekümmert den Weg weiter, den sie bei ihrer Entstehung eingeschlagen hatte: nämlich den Weg einer offensiven Politik, die in der revolutionären Situation von 1918 - 1919 gerechtfertigt war. Erst das Mißlingen des versuchten Märzaufstandes 1921 war nötig, vor allem die von der Kommunistischen Internationale auf ihrem III. Weltkongreß (22. Juni - 12. Juli 1921) vollzogene Wendung, damit die deutsche Kommunistische Partei diese Stabilisierung des Kapitalismus in Deutschland erkennt und daraus die Folgerungen für ihre Aktionen zieht.

DIE BESEITIGUNG DER ERSTEN REVOLUTIONÄREN WELLE

Die Ermordung von Karl Liebknecht und Rosa Luxemburg war ein furchtbarer Schlag für die deutsche Arbeiterbewegung: Nach allem, was geschehen ist, kann man heute feststellen, daß es der entscheidende Schlag war, den die Konterrevolution geführt hat. Jedoch sollte sich der Kampf in Deutschland noch über Jahre hinaus erstrecken, ein Ausdruck dafür, daß die revolutionären Arbeiter entschlossen waren, die politische Macht zu erobern. Noske, den der 15. Januar 1919 als endgültigen Sieger erscheinen läßt, sollte in den darauf folgenden Wochen und Monaten noch mehr als einmal in Angst geraten. Die Revolution war derjenigen beraubt, die sie zum Siege hätten führen können, aber sie war nicht tot. Im Laufe der z.T. harten Gefechte, die die Revolution der herrschenden Klasse in den Jahren 1919- 1921 sporadisch noch lieferte, versuchten die Revolutionäre jene revolutionäre Führung, jene Massenpartei zu schaffen, die dem deutschen Proletariat am Anfang des Jahres 1919 gefehlt hatte. Die Situation war revolutionär geblieben, - der Kampf der führungslos gewordenen Arbeiterschaft, die Anstrengungen der Kommunisten, diese Führung zu schaffen, vollzog sich zu gleicher Zeit unter den schlimmsten Bedingungen.

EINE REVOLUTION OHNE KOPF

Die Januaraktion war verfrüht gewesen. Karl Radek, Delegierter der bolschewistischen Partei in Deutschland, verurteilte sie als einen Fehler:"Die politische Machtübernahme kann nur von der Mehrheit der Arbeiterklasse vollzogen werden, und im Januar war diese Mehrheit sicherlich nicht auf Seiten der Kommunistischen Partei."Das war der Standpunkt der meisten jungen Parteikader, der ehemaligen Mitglieder von Spartakus. Aber die grausame Unterdrückung, die der Herausforderung gefolgt war, die Ermordung der revolutionären Führer, hatte den Zorn der bewußten Arbeiterschaft zur Weißglut gebracht. Zwischen ihnen und der Sozialdemokratie zog sich von nun an die Blutspur der Januartage: ihr Haß steigerte ihre Ungeduld, und jede Gelegenheit schien ihnen recht, um gegen die Macht der Bourgeoisie anzurennen, mit ihren Gelegenheitswaffen in der Hand. Der General Maercker, der Mann der Freikorps, fühlte sich bemüßigt, nach seinem Siege der "zu jeglichem Opfer bereiten Arbeiterklasse und der Unzahl ihrer entschlossenen Führer" seine Hochachtung auszusprechen. Er konnte das tun, er, dessen Truppen nacheinander die Bollwerke des Arbeiterwiderstandes und der Rätemacht zerstört hatten. Die am 19. Januar gewählte Nationalversammlung gab der Regierung Ebert-Scheidemann den demokartischen Deckmantel, den sie von ihr erwartete, um die Arbeiter endgültig zu schlagen im Namen der "Volkssouveränität". Gegenüber der Arbeiterklasse, die in der Tat zu jeglichen Opfern bereit war, verfügte die Bourgeoisie über zwei Trumpfkarten: über den sozialdemokratischen Parteiapparat und - vor allem nach der Wiederaufrichtung des Staates und der Armee - über eine Organisation, die fähig war, eine Strategie für das ganze Land auszuarbeiten, und eine disziplinierte Militärmacht, die imstande war, im günstigen Augenblick zuzuschlagen. Auf der einen Seite eine "Nationalversammlung", deren Mehrheit dem Sozialismus feindlich war (von 30 Millionen Stimmen entfielen 11 1/2 auf die Mehrheitssozialisten, 2,3 Millionen auf die Unabhängigen, 16 Millionen auf die Konservativen, d.h. die bürgerlichen Parteien waren in der Mehrheit. Es gab also in der Nationalversammlung keine Mehrheit für den Sozialismus, wie es Ebert und

Konsorten versprochen hatten), eine Söldnertruppe mit ihren Maschinengewehren und Flammenwerfern, einen politisch und militärisch erfahrenen Generalstab, der entschlossen war, die Räte hinwegzufegen, auf der anderen Seite die Mehrheit der Arbeiter, unter sich uneins, und deren Vorhut - schlecht bewaffnet - selbst quasi unorganisiert war ... Jedoch brauchte die Bourgeoisie noch Monate, um mit ihnen fertig zu werden.

DIE STREIKBEWEGUNG

Rosa Luxemburg hatte in den beginnenden Streiks das Zeichen der fortschreitenden Reife der deutschen Arbeiterklasse gesehen, den Ausdruck der Erstarkung ihres revolutionären Willens. Die umfassende Bewegung, die in der Tat dies Erwachen bezeichnen sollte und tausende von sozialdemokratischen Arbeitern durch revolutionäre Arbeiterforderungen in den Kampf gegen die sozialdemokratische Partei hineinzog, begann gerade in dem Augenblick ein beträchtliches Ausmaß anzunehmen, als in Berlin die Führer von Spartakus von alten Landsknechten ermordet wurden. Des Wartens auf die versprochene Sozialisierung des Bergbaus überdrüssig, schritten die Arbeiter des Ruhrgebiets zur Tat. Am 3. Januar beauftragte der Arbeiter- Soldatenrat Nordrhein-Westfalens eine Kommission von neun Mitgliedern (3 Sozialdemokraten, 3 Unabhängige, 3 Kommunisten), sofort die Sozialisierung der Gruben zu betreiben. Die Arbeiter schützten mit Waffen ihre Räte. Daraufhin erklärte die Regierung ihre Bereitschaft, die Gruben zu verstaatlichen, einen Gewerkschaftsführer, einen hohen Beamten, und einen Kohlenmagnaten (der Kohlenmagnat Vögler, ein treuer Unterstützer der Nazis, später einer der großen Männer des Hitlerregimes). Zugleich beschließt das Weimarer Parlament die Schaffung von sogenannten Arbeitskammern, die die Sozialisierung durchführen sollen. In diesen Kammern sind die "gelben" Gewerkschaften (die 3% der organisierten Arbeiterschaft vertreten) in gleicher Zahl vertreten, wie die sozialistischen Gewerkschaften (in denen 81% der organisierten Arbeiterschaft vertreten sind): Tyssen, Krupp und Stinnes haben von ihnen nichts zu fürchten. Während die Regierung so durch Bezeugung des guten Willens Zeit zu gewinnen sucht, bemüht sie sich, die Vorbedingungen für eine Gegenoffensive zu schaffen: Auf Befehl Noskes läßt der General Watter den Soldatenrat von Nordrhein-Westfalen verhaften, dessen Solidarität mit den Bergleuten bekannt ist. Am 14. Februar beschließen die Delegierten aller Räte von Nordrhein-Westfalen den Generalstreik für den 18. Februar, wenn die Regierung nicht verspricht, der "Kommission der Neun" volle Handlungsfreiheit zu gewähren und nicht die verhafteten Rätedelegierten freiläßt.

Die Regierung geht darauf ein, die Aktivität der Neun anzuerkennen, aber sie behält ihre Geiseln. Unter dem Vorwand, daß eine nicht repräsentative Versammlung der Bergleute am 16. Februar in Mühlheim einen Aufruf zum Generalstreik herausgegeben hat, weigern sich die sozialdemokratischen Delegierten, sich einem endgültigen Aufruf zum Generalstreik anzuschließen, den die Räteversammlung des ganzen Bezirks am 18. Februar erließ: dennoch wird dieser Aufruf von der großen Mehrheit der sozialdemokratischen Arbeiter befolgt. Die Truppen Watters greifen ein: am 19. Februar wird in Elberfeld gekämpft (12 Tote) und in Essen, am 20. Februar in Gelsenkirchen und Bochum. Scheidemann, der Reichskanzler geworden ist, erklärt in Weimar: "Es muß auf jeden Fall mit dem Wahnsinn und dem Verbrechen an der Ruhr Schluß gemacht werden." Aber die Wiederherstellung der Ruhe durch die

Truppen Watters erweist sich vorerst angesichts des Widerstandes der Arbeiter an der Ruhr als unmöglich. Der Streik an der Ruhr droht sich auszuweiten, und die Regierung sieht keine andere Wahl, als einen Kompromiß anzubieten: Die Kommission der Neun bleibt bestehen, die Arbeiter legen die Waffen nieder. Es gibt keine Unterdrückungsmaßnahmen. Der Rat von Rheinland-Westfalen nimmt den Waffenstillstand an: am 25. Februar wird die Arbeit wieder aufgenommen.

Es war höchste Zeit für die Regierung, denn die Streikbewegung hatte sich gerade nach Mitteldeutschland ausgedehnt, wo eine Delegiertenversammlung von Räten der Arbeiter und Bergleute einstimmig den Generalstreik zugunsten der Forderungen der Ruhrarbeiter beschließt. Hier haben die sozialdemokratischen Delegierten für den Streik gestimmt. Die sächsischen Arbeiter rufen Berlin zur Solidarität auf. Die Lage wird bedrohlich. Noske wendet sich vorübergehend von der Ruhr ab. Während die Regierung ein weiteres Mal ihre Bereitschaft zur Sozialisierung verkündet, während die SPD ein weiteres Mal ihre Verbundenheit mit dem Sozialisierungsgedanken und den Räten ausdrückt, marschieren die Freikorps auf Halle und Gotha, wo es ihnen gelingt, den Streik zu brechen.

Gerade in diesem Augenblick nehmen die Berliner Arbeiter den Kampf wieder auf, diesmal alle zusammen. Sie haben am 20. Februar neue Räte und einen neuen Vollzugsausschuß gewählt, deren Zusammensetzung das Anzeichen für eine Radikalisierung ist, die auch die blutige Januarwoche nicht hat unterbrechen können: 305 Unabhängige und 99 Kommunisten werden gewählt gegen 271 Sozialdemokraten und 95 Demokraten (die ehemalige Fortschrittspartei). Am 3. März beschließt der Rat von Berlin auf Drängen der Delegierten der großen Fabriken seinerseits den Generalstreik. Auch die 271 Sozialdemokraten haben für sämtliche Streikforderungen gestimmt, nicht allein für die Sozialisierung, sondern auch für die "Hamburger Punkte" (vgl Teil I.: die Armee betreffend, die Befreiung der politischen Gefangenen, die Auflösung der Freikorps, die Bewaffnung des Proletariats). Noske antwortet mit dem Belagerungszustand. Trotz aller Bemühungen des Streikkomitees, der Unabhängigen und der Kommunistischen Partei, der Regierung keinen Vorwand zu Repressalien zu geben, brechen schon am ersten Tag Kämpfe zwischen den Freikorps und den erregten Berliner Arbeitern aus. Noske erfindet aus freien Stücken "spartakistische Massaker" und ermächtigt die Truppen des General von Luttwitz,"jeden mit der Waffe in der Hand angetroffenen Anführer " sofort zu erschießen. Arbeiter und Matrosen der Volksmarine werden niedergemetzelt: die neue "blutigeWoche" fordert mehr als 1 200 Todesopfer in den Reihen der Arbeiter - nach offiziellen Dokumenten. Jogiches, der an Stelle von Rosa die Führung der KP übernommen hat, wird am 10. März gefangengenommen und wie sie "auf der Flucht" erschossen. Der Vollzugsausschuß der Berliner Räte wird aufgelöst,und bald werden seine Mitglieder verhaftet. Wieder herrscht Ordnung in Berlin.

Die Bewegung an der Ruhr setzt darauf wieder ein: unter dem Vorwand, die Arbeiter hätten die Abmachungen verletzt, besetzt der General Watter das Bergbaugebiet mit Freikorpstruppen. Am 30. März schließen sich die Arbeiter bei Krupp den Bergleuten an, die erneut den Generalstreik ausgerufen hatten. Die Regierung hat ihre Truppen verstärken können: vom Reichskommissar , dem Sozialdemokraten Severing,gestützt, beginnt der General Watter die Rückeroberung des Bergbaugebietes. Stadt für Stadt, Grube für Grube werden von den Truppen eingenommen, oft nach harten Kämpfen. Wie es ein Zeuge, Rudolf Coper, schrieb: Die Sache war "einfach und blutig". Am 28. April, einen Monat danach, wird die Arbeit wieder aufgenommen ...

Bis zum Ende des Jahres nehmen die deutschen Arbeiter nacheinander, Branche für Branche, Gebiet für Gebiet, den Kampf mit Streiks und Waffen wieder auf, dem jedesmal blutige Niederlagen folgen: vom 20. Juni bis zum 3. Juli Streik der Eisenbahner im ganzen Land; am 16. Juli Generalstreik in Pommern; am 8. August Streik in den Kalibergwerken; am 11. August Streik der Bergleute in Oberschlesien; vom 18. September bis zum 11. November Streik der Berliner Metallarbeiter ... Die Arbeiter machen die harte Erfahrung der "Demokratie" durch, wie sie die auf die Armee gestützte sozialdemokratische Regierung aufgerichtet hatte. Dieser Allianz gegenüber kam der Arbeiterklasse das Fehlen einer Führung und damit das Fehlen einer gemeinsamen Ausrichtung ihrer Kämpfe teuer zu stehen.

DIE BESEITIGUNG DER RÄTE

Die "gesetzlichen " Maßnahmen, die die Nationalversammlung getroffen hatte, hatten das Verschwinden der politischen Macht der Räte festgelegt. Man ließ nur noch Betriebsräte mit beratender Funktion gelten, die nur für rein ökonomische Fragen zuständig waren. Die Soldatenräte sind auf die Rolle von reinen Repräsentationsorganen beschränkt. Der vom Rätekongreß im Dezember gewählte allgemeine Zentralrat, der sich aus Sozialdemokraten zusammensetzt, löst sich freiwillig zugunsten der Nationalversammlung auf. Aber überall, wo die Räte seit November eine wirklich politische Rolle gespielt haben, sind die Arbeiter nicht bereit, sie so sang- und klanglos verschwinden zu lassen.

Sie besitzen die Macht, sie verteidigen sie. Anderswo schaffen das vom Krieg und der Krise hervorgerufene Elend und die den Streiks folgenden Hungerrevolten eine Stimmung, in der die Arbeiter sich wenig um strategische Gesichtspunkte kümmern: wenn sie die Macht ergreifen können, nehmen sie sie sich. Während sechs Monaten ziehen die Freikorps durch Deutschland und beseitigen die lokalen und die Bezirksräte, einen nach dem anderen, die Milizen auch, und die Arbeitergarden. Es fehlt ihnen nicht an Vorwänden, denn Demonstrationen, Streiks, Bildung von revolutionären Ausschüssen oder Räten geben ihnen die Gelegenheit, die "Gesetzlichkeit" wieder herzustellen. In Bremen greifen sie ein, um eine Regierung gemäß den Wahlergebnissen einzusetzen. In Sachsen wieder greifen sie ein, weil die Wahlen den Mehrheitssozialdemokraten die Mehrheit entzogen und sie den Unabhängigen gegeben hatten .. Wenn Noske keinen einleuchtenden Grund zum Eingreifen hat, erfindet er einen, wie etwa die "Abtrünnigkeit" Braunschweigs.

Anfang Februar ist die "Lebensmittelkampagne" in den Städten Norddeutschlands, wo Matrosen und Hafenarbeiter gegen die Reeder kämpfen. Noske beschuldigt sie, weil sie, unterstützt von den Räten, streiken, "Deutschland auszuhungern". Vom 6. - 11. Februar fallen nacheinander Bremen, Hamburg, Bremerhaven: die Arbeiter werden entwaffnet, die Räte aufgelöst, einschließlich des Rats der "Republik" Oldenburg. Der Generalstreik dient als Vorwand, um zwischen Februar und März einen Feldzug gegen Gotha und insbesondere Halle zu führen, wo der vom Unabhängigen Killian präsidierte revolutionäre Rat seine Macht gefestigt hat, und wo die Arbeiter mit der Waffe in der Hand Widerstand leisten.

Vom 6. - 13. April wird Magdeburg und sein Gebiet zurückerobert, werden die Räte, die der Unabhängige Brandes und der revolutionäre Matrose und ehemalige Vorsitzende des Rats der Kieler Matrosen, Artelt, führten, aufgelöst. Das vom ehemaligen Polizeichef von Berlin, Eichhorn, geführte Revolutionskomitee dient zum Vorwand, um vom 12. - 17. April gegen die Regierung in Braunschweig mit dem Unabhängigen Sepp Orter an der Spitze vorzugehen und sie zu beseitigen. Schließlich kommt Bayern an die Reihe. Dort war im November de facto eine Räterepublik geschaffen worden. Diese war in dem wenig industrialisierten Land monatelang scheinbar kaum von der bürgerlichen Reaktion bedroht, was ohne Zweifel auch der politischen Intelligenz ihres Präsidenten, des Unabhängigen Kurt Eisner, zu danken war, der den Unabhängigkeitsdrang der Bayern und ihre Feindseligkeit gegenüber Preußen zugunsten der Rätemacht mobilisiert hatte. Bayern war jedenfalls die einzige Gegend Deutschlands, wo reguläre Bauernräte tagten, wo die Mehrheitssozialdemokraten ohne Zögern den Losungen der linken Unabhängigen folgten und die Rätemacht unterstützten. Das alles änderte sich jedoch im Januar: auf die Ermordung Kurt Eisners durch einen Rechtsextremisten und den darauf folgenden Mordversuch auf den Mehrheitssozialdemokraten Auer durch einen Anhänger Eisners reagierten die Massen mit Brutalität . Unter ihrem Druck einigten sich die Mehrheitssozialdemokraten und Unabhängigen auf eine gemeinsame Regierung, die am 19. Januar gewählt wurde, und die sich auf die Räte stützte, neben denen man aber den Landtag bestehen ließ. Jedoch beunruhigten die Intrigen der rechten Sozialdemokraten bald die Münchner Arbeiterschaft, und am 7. April riefen die Arbeiter- und Soldatenräte die Münchner Räterepublik aus, die sofort ihre Absicht bekundete, das Privateigentum abzuschaffen und einen Propagandafeldzug gegen das übrige Deutschland zu führen, nach dem Bruch mit dem Landtag. Als Mehrheitssozialdemokraten oder anarchistisch ausgerichtete Intellektuelle scheinen sich die neuen Volkskommissare der Reichweite des Abenteuers, in das sie sich stürzten , nicht bewußt gewesen zu sein. Durch ihren Wortführer, den Spartakistenrussischer Abstammung Eugen Leviné, verurteilten die bayrischen Kommunisten das ganze als einen Putsch. Als sich nach acht Tagen die Unhaltbarkeit des Abenteuers herausstellte, sprang die kommunistische Partei in die Bresche und versuchte, mit Eugen Leviné an der Spitze, eine neue Räteregierung zu bilden, in der Hoffnung, so den Rätegedanken retten zu können. Aber die zweite bayrische Räterepublik dauerte nicht viel länger als die erste. Am 14. April war sie ausgerufen worden, am 1. Mai fiel sie unter dem Ansturm der Truppen Noskes und neugebildeter bayrischer Freikorps. Die folgende Unterdrückungsaktion wütete mit verheerender Grausamkeit unter der Münchner Arbeiterschaft. Leviné, Engelhofer, die spartakistischen Führer der zweiten Republik werden zusammen mit dem Führer der ersten, dem anarchistischen Philosophen Landauer, und dem blinden Bauernapostel Gandorfer hingerichtet. Anarchisten, wie Erich Mühsam, Unabhängige, wie Ernst Toller, zahlreiche Sozialdemokraten landen in den Gefängnissen. Die Ordnung herrscht in einem Bayern, das für Jahre zum festesten Bollwerk der nationalistischen Reaktion geworden ist... Die Sozialdemokraten, die im Januar 1919 bei den Wahlen die Mehrheit hatten, werden sie nie wieder erreichen ...

Einige Tage später folgte die letzte großangelegte Aktion der Freikorps mit der Expedition in das rote Sachsen, wo die Wahlen den Unabhängigen die Mehrheit gebracht hatten. Leipzig, das von einem revolutionären Rat mit dem Unabhängigen Kurt Geyer an der Spitze regiert wird, der es verstanden hat, Arbeitertruppen aufzustellen, wird dennoch vom Einmarsch der Truppen General Märckers am 10. Mai überrascht. Die Arbeiter antworten mit Generalstreik: Mehr als 10 Tage sind nötig, um nach Verhängung des Ausnahmezustandes in Sachsen die Ordnung wieder einzuführen und überall die in der Novemberrevolution entstandenen Organe proletarischer Demokratie zu beseitigen.

ZERSPLITTERUNG UND OHNMACHT DER REVOLUTIONÄREN VORHUT

VERSTÄRKUNG DER UNABHÄNGIGEN

Man hätte mit Recht ein rasches Verschwinden der USPD im November - Dezember 1918 erwarten können. Als quasi zufällig entstandenes Gebilde, innerlich zerrissen, schien sie dem Zufall geweiht zu sein, wobei die Mehrheit ihrer Anhänger als authentische Revolutionäre sich den Kommunisten hätten anschließen, während ein Teil der Führung und der Kader zur Sozialdemokratischen Partei hätten zurückkehren müssen, der gegenüber sie nie grundsätzlich eine andere Auffassung vertreten hatten. Doch das von vielen vorausgesagte Ereignis trat nicht ein. Im Gegenteil, die USPD wuchs unaufhörlich nach der Novemberrevolution an, um am Ende des Jahres 1919 eine Anhängerschaft von 1 Million zu erreichen. Ihre rechten Führer, im November mit Ebert einverstanden, haben die Zusammenarbeit nicht nach dem Dezember fortgesetzt. Der Abscheu und der Haß, den die unter Noskes Führung vollzogene Unterdrückung hervorgerufen hatte, trennen sie 1919 stärker von der Sozialdemokratischen Partei, als sie zwischen 1914 - 18 die Kriegspoliti getrennt hatte. Die untere Anhängerschaft der Partei hat sich im Laufe der Kämpfe des Jahres 1919 ständig radikalisiert, die sie zum größten Teil selbst in den verschiednen Provinzen angeführt hatte. Es ist also nicht erstaunlich, daß die USPD sich in ihrer Versammlung im April 1919 kategorisch für die Rätemacht ausspricht und zugleich das parlamentarische Regime verwirft, dessen Wesen als bürgerliche Klassendiktatur im gleichen Augenblick die Arbeiterschaft und ihre Vorkämpfer an sich erfahren.

Die Radikalisierung der Mitglieder der USPD hat nicht, wie man hätte erwarten können, die Reihen der Kommunisten verstärkt. Die überstürzte Gründung der KPD im Januar 1919 hatte zu einer oft künstlichen Trennung in den Reihen der revolutionären Linken geführt.[3] Dann verlor die gerade erst geborene KPD ihre besten Köpfe. Die junge Generation der spartakistischen Führer genießt nicht die gleiche Achtung wie Rosa und Liebknecht, deren Ansehen und Einfluß bei weitem die Grenzen ihrer eigenen Organisation überstiegen.[4] Vor allem haben die Januarereignisse die Meinungsverschiedenheiten in der KP anwachsen lassen, bald sollte die Krise deutlich an den Tag treten. Seit Januar ist die KP illegal. Die Führung, in der Mehrheit alte Freunde von Rosa Luxemburg, benutzt die Bedingungen der Illegalität, um ihre eigene Linie gegen die putschistische Mehrheit der Partei durchzusetzen. Nirgends, außer in Bayern, und da erst in letzter Minute, spielen die Kommunisten eine Rolle, wie sie Liebknecht und Pieck in Berlin gespielt hatten. Die KP vereint ihre Bemühungen mit denen Richard Müllers und seiner Freunde, um zu versuchen, einen bewaffneten Konflikt zu vermeiden. Nach der Verhaftung und Ermordung von Leo Jogiches im März - Radek war schon im Februar festgenommen worden - übernahm Paul Levi die Führung der Organisation.[5] Er stößt auf der im August im Untergrund abgehaltenen Versammlung auf eine Opposition, die von Otto Rühle und den Hamburgern Wolffheim und Laufenberg angeführt wird. Durch ihren Sieg auf dem ersten Kongreß bestärkt, versucht diese Opposition, ihren Vorteil zu nützen, verlangt die Bestätigung der antiparlamentarischen Stellungnahme, fordert darüber hinaus den Austritt der Kommunisten aus den Gewerkschaften und die Errichtung von rein kommunistisch geführten "roten Gewerkschaften." Paul Levi beschließt, mit ihnen Schluß zu machen: der Austritt der Kommunisten aus den Gewerkschaften, in einem Augenblick, in dem sie trotz der Politik der reformistischen Führung mehr als 10 Millionen deutscher Arbeiter umfassen, erscheint ihm als ein katastrophaler Beschluß, der nur die Isolierung der Kommunisten innerhalb der deutschen Arbeiterklasse verschärfen kann. Dem Parteikongreß, der in Heidelberg stattfindet, unterbreitet er im Namen der Führung Thesen, die die Teilnahme der Kommunisten an den Wahlen und an den Gewerkschaften bestätigen, und über diese den Ausschluß der Gegner dieser Punkte vorsehen. Indem er die Auffassung von der Revolution "als Organisationsform selbst" als "kleinbürgerlich" verwirft, nimmt Levi in seinen Thesen die Gedanken Rosa Luxembrungs wieder auf, die die Revolution als einen langen Kampf mit Aufschwüngen und Rückschlägen, als Ebbe und Flut sah. ... Die Bedingungen der Illegalität erlaubten ihm organisatorische Manöver, die ihm eine schwache Mehrheit sicherten (31 Stimmen gegen 18). Die so herausgeforderte Minderheit bricht, wie erwartet, mit der Partei. Radek hat im letzten Augenblick die Spaltung zu verhindern versucht. Lenin versucht gleich danach durch einen Brief an das Zentralkomitee zu verhindern, daß sie zu einer endgültigen und unwiderruflichen Spaltung wird, indem er darauf besteht, daß die Einigkeit über die Frage der Sowjetmacht als Grundlage für die Einheit der Partei genüge. Levi, in der Überzeugung, daß er das von Lenin in der bolschewistischen Partei gegebene Beispiel befolgt habe, beharrt auf seinem Standpunkt. So erfolgt in der III. Internationale der erste massive Ausschluß von Opponenten auf dem Gebiet der Theorie, trotz und gegen Lenin. Die ausgeschlossene Minderheit gründet eine neue Partei, die Kommunistische Arbeiter Partei Deutschlands (KAPD), die 50 000 Anhänger, mehr als die Hälfte der alten Partei an sich zog, annähernd die Gesamtheit der Organisation in Norddeutschland und Berlin. Pieck findet nach der Spaltung alles in allem nur noch 36 Anhänger der KP in der Hauptstadt wieder.

ANSEHEN DER KOMMUNISTISCHEN INTERNATIONALE

Wenn jedoch die schwache Kommunistische Partei keinen Anziehungspunkt für die 100 000 deutschen revolutionären Arbeiter darzustellen vermag, die sich in den Reihen der Unabhängigen gesammelt haben, so verhält es sich nicht so mit der im Laufe der für Deutschland so tragischen Frühjahrs gegründeten III. Internationale, die für die Massen die siegreiche Oktoberrevolution verkörpert. Die Heidelberger Spaltung hat außerdem ein Hindernis auf dem Wege der Einigung von Unabhängigen und Spartakisten beseitigt. (Erinnern wir uns, daß es die Feindschaft der Revolutionären Obleute gegenüber den "Putschisten" von Spartakus war, an der 1918 der Zusammenschluß gescheitert war. Nach Heidelberg haben die "Putschisten" die KP verlassen, während jetzt bei den Unabhängigen die Obleute die Führung übernommen haben.) Das verbleibende Mißtrauen wird überwunden durch die Anstrengungen der Internationale und das Ansehen der russischen Revolutionäre. Im Dezember des Jahres erleidet auf dem Leipziger Kongreß der USPD der rechte Flügel der Unabhängigen, der bereits geschwächt ist, und der seinen fähigsten Kopf (den von einem Nationalisten ermordeten Hugo Haase) verloren hat, eine entscheidende Niederlage: die Partei der Unabhängigen lehnt es ab, sich der II. Internationale anzuschließen. Wenn sie sich noch nicht der III. Internationale anschließt so, bereitet sie sich doch darauf vor, indem sie, dem Aufruf Däumigs und seiner Freunde folgend, eine Entschließung faßt, die von ihrem

Zentralkomitee fordert, Verhandlungen zu eröffnen, "um die Vereinigung der Arbeiterklasse durch die revolutionäre Aktion in der III. Internationale zu verwirklichen." Das Exekutivkomitee der Kommunistischen Internationale faßt die Gelegenheit beim Schopf und lädt die Unabhängigen, sowie auch die KAPD zu Verhandlungen zwecks Aufnahme in die Internationale ein.

Die Bedeutungslosigkeit der KP ist für die Internationale ein Argument mehr, um auf ihre Vereinigung mit den Unabhängigen zu drängen. Auf dem Karlsruher Kongreß im Februar 1920 zögert der sächsische Kommunist Brandler,[6] einer der wenigen Arbeiterführer der KP, nicht, zu erklären: "Wir haben noch keine Partei" und oft sei, wie in Rheinland-Westfalen, "das, was da ist, schlimmer, als wenn es nichts gäbe". Lenin bemüht sich, an dieser pessimistischen Haltung zu rütteln. Für ihn sind die Anerkennung der Diktatur des Proletariats, der Rätemacht, durch die Unabhängigen und ihre Schritte in Richtung auf die Internationale entscheidend. Sie stellen den Beweis dar, daß breite Massen sich dem kommunistischen Programm angeschlossen haben; die Stunde ist näher gerückt, wo jene Kommunistische Partei gegründet werden kann, die zum Sieg der deutschen Revolution gefehlt hat und die die revolutionäre Lage in Deutschland zu nutzen versteht.

DER KAPP- PUTSCH

Die Gelegenheit, die Macht der Bourgeoisie zu stürzen, ergibt sich bald. Sie kommt jedoch zu früh, vor der Vereinigung, bevor sich eine neue Führung herausgebildet hat. Kommunisten und Unabhängige versäumen sie gleichermaßen: Zu Anfang des Jahres 1920 zeichnet sich unter dem Generalstab und insbesondere unter den Freikorps eine Bewegung ab, die eine sichere Unterstützung bei den reaktionären Schichten des deutschen Imperialismus findet, bei den ostelbischen Junkern und der Bürokratie des preußischen Staates. Es handelt sich für ihre Hintermänner, Wolfgang Kapp und den General von Lüttwitz, darum, Schluß zu machen mit der parlamentarischen Republik und der Arbeiterbewegung, und sich der störenden Obhut der sozialdemokratischen Minister zu entledigen, mit denen sie nichts mehr zu tun haben wollen, nachdem die Rätemacht einmal beseitigt ist.

Die Verschwörer hatten auf die Unterstützung Noskes gehofft, müssen aber auf sie verzichten. Der Putsch, von dem die sozialdemokratischen Behörden schon vorher unterrichtet waren, bricht am 13. März aus. Die Regierung und Ebert fliehen überstürzt nach Dresden, dann - von der Verhaftung durch die Reichswehr bedroht - nach Stuttgart. Der Generalstab bleibt neutral und weigert sich, "auf Deutsche zu schießen" (Nur die Arbeiter waren keine "Deutschen"). Innerhalb von 24 Stunden schien der Sieg der Kapp-Leute angesichts der Unfähigkeit der Regierung gesichert. Dennoch wurde der Putsch der Generäle innerhalb von vier Tagen hinweggefegt.

Zur allgemeinen Überraschung - der deutschen Revolutionäre insbesondere - übernahm der alte Karl Legien, der "Diktator" der Gewerkschaften, die Initiative, um durch die Aktion der Arbeiter den Militärputsch zu brechen. Als Prototyp des Gewerkschaftsbürokraten, als konsequenter "reformistischer Bonze", hatte Legien seit Jahrzehnten die konservativste Macht in der deutschen Arbeiterbewegung dargestellt. Er hatte Bebel, Liebknecht, Luxemburg bekämpft. Vor dem Krieg war er der Führer der Rechten in der Sozialdemokratie. Während des Krieges war er einer der entschiedensten Sozialpatrioten, der Anführer der Jagd auf die Revolutionäre in der Partei gewesen. Er hatte seine ganze Autorität und seine Organisation gleich im November Ebert zur Verfügung gestellt. Kurz, er symbolisierte die schlechteste Seite der deutschen Sozialdemokratie: den gewerkschaftlichen "Apparat". Aber Legien konnte nicht gleichgültig gegenüber Unternehmungen von Kapp- Lüttwitz bleiben. Als er klar erkannte, daß nicht allein die republikanische Verfassung, sondern das Bestehen der unabhängigen Arbeiterbewegung selbst auf dem Spiel stand, auch das Bestehen der Gewerkschaften und ihres Apparats, da zögerte dieser alte Reformist nicht, sich in seinen ersten umfassenden Kampf zu stürzen, er gab die Losung des Generalstreiks aus und rief ein Streikkomitee ins Leben, zu dessen Bildung er alle Arbeiterorganisationen, einschließlich der Kommunisten, einlud. Über die Minister spottend, die ihr Heil in der Flucht suchten, richtete er sich in Berlin ein, um aus dem Untergrund den größten Generalstreik der Geschichte zu leiten. Alles Leben war vollständig und unbedingt lahmgelegt, solange Kapp "an der Macht" blieb. Die Truppen hatten keine Verpflegung, keine Verkehrsmittel, die Führer kein Telephon, keine Kommunikationsmittel. Die ganze Maschinerie von Kapp lief leer. In wenigen Tagen hatte sich die Lage von Grund auf geändert. Die Kapp-Leute, die in den ersten Tagen in Berlin und in den östlichen Gegenden gesiegt hatten, waren durch den Generalstreik zur Ohnmacht verurteilt. In Württemberg, Baden, Hessen und in den Ostseeprovinzen bewahrte die Regierung ihre ursprüngliche Autorität, die immerhin täglich mehr und mehr von den Streikkomitees bestritten wurde. Im Rheinland und Westfalen war der Generalstreik von einem wahren Arbeiteraufstand begleitet, der zugleich über die Generäle und die Regierungsbehörden siegte. In Mitteldeutschland stießen die drei Mächte, von denen keine sich hatte durchsetzen können, in lokalen Kämpfen aufeinander. Innerhalb von vier Tagen hatten die Drahtzieher des Putsches begriffen, daß ihre Aktion eine neue proletarische Revolution auszulösen drohte. Kapp trat ab.

Die Gesamtheit der deutschen Arbeiter war voller Begeisterung und mit nie dagewesener Geschlossenheit und Disziplin der Streikparole Legiens gefolgt ... Damit war gewissen Revolutionären, insbesondere denen der KAPD, eine deutliche Lehre erteilt worden. Aber die Kommunistische Partei reagierte nicht, wie man es nach dem Ausscheiden ihres "sektiererischen" Flügels hätte von ihr erwarten können. Levi saß im Gefängnis, und die Führung mit Thalheimer, einem anderen Spartakisten,[7] an der Spitze, gab am ersten Tag des Putsches ein Flugblatt heraus, worin die Arbeiter aufgefordert wurden: "nicht den kleinen Finger für die Verteidigung der Republik zu rühren". Für sie spielte sich der Kampf zwischen Kapp und Noske-Ebert ab, d. h. zwischen zwei gleichermaßen konterrevolutionären Gruppen. Aber der Erfolg des Streiks, die massive Beteiligung der Kommunisten zwangen sie zu einer Wendung: gleich am folgenden Tag hieß sie den Streik gut, warnte die Arbeiter vor demokratischen Illusionen, rief sie zur Bildung von Arbeiterräten auf. An der Ruhr gaben die Kommunisten im Einvernehmen mit den Unabhängigen und Sozialdemokraten die Losung des Generalstreiks "für den Sieg des Sozialismus auf der Grundlage der Rätemacht" aus. In Chemnitz bildeten die von Brandler geführten Kommunisten mit den anderen Arbeiterparteien zusammen einen Arbeiterrat, der die Macht übernahm und die Kapp-Anhänger aus der Stadt vertrieb. In Falkenstein bei Chemnitz organisierte der Kommunist Max Hoeltz seine berühmten roten Guerillas und ging zum Angriff über, mit dem Versuch, gewaltsam eine Räterepublik aufzubauen. Brandler war von dieser Partisanenaktion beunruhigt, die sein Übereinkommen mit den Sozialdemokraten und Unabhängigen gefährdete ...

Diese revolutionären Entwicklungen hatten zum schleunigen Rücktritt Kapps zweifellos beigetragen, und auch zu der Eile, in der sich der Generalstab und die sozialdemokratische Führung zu versöhnen bemüht waren. Doch Legien wollte sich mit dem Verschwinden Kapps nicht zufrieden geben. Er war darauf aus, Deutschland von nun an unter Bedingungen regiert zu sehen, die ähnliche Ereignisse in Zukunft verhindern würden. Im Namen des Zentralen Streikausschusses forderte er das Abtreten Noskes und forderte Sozialdemokraten und Unabhängige auf, eine Arbeiterregierung zu bilden, an der sich die sozialdemokratischen und christlichen Gewerkschaften beteiligt hätten. Die Verhandlungen dauerten eine ganze Nacht. Die sozialdemokratische Führung bäumte sich gegen die Forderung Legiens auf, aber sie hatte im Land nicht mehr den mindesten Rückhalt, um sich widersetzen zu können. Die Armee, deren Stellung unbequem war, - denn sie hatte offensichtlich Verbindungen zu Kapp unterhalten - hielt sich ruhig. Aber die Unabhängigen mit ihrem Wortführer Däumig weigerten sich, in eine Regierung mit den Mehrheitssozialdemokraten einzutreten, die noch befleckt waren mit dem Blut der Arbeiter, obwohl die Kommunisten ihre "loyale Opposition" zu einer Arbeiterregierung nach Vorstellung Legiens zusagten. Nach dem Abfall der Unabhängigen blieb Legien allein.

Er konnte und wollte somit auch nicht diejenigen weiterführen, die ihm im Kampf gegen Kapp gefolgt waren. Er war zufrieden, das Verschwinden Noskes und der kompromittierten Generäle erreicht zu haben. Gegen das Versprechen der Säuberung der Armee und Demokratisierung des Staates war er bereit, die Losung der Wiederaufnahme der Arbeit auszugeben. Zugleich bildete sich eine Regierung auf Grundlage einer Allianz zwischen der Sozialdemokratie und den bürgerlichen Parteien des Reichstags mit Hermann Müller (SPD) als Reichskanzler. Die Arbeiterklasse hatte am grünen Tisch verloren.

DIE FOLGEN DES PUTSCHES

Das zeitweise bedrohte Bündnis zwischen der Sozialdemokratie und dem Generalstab wurde angesichts der revolutionären Gefahr neu geschmiedet. Der General von Seeckt, der die Tätigkeit der Revolutionäre an der Ruhr als "Umtriebe" zum Vorwand nimmt, fordert die Wiederherstellung der Ordnung in diesem Gebiet durch Entwaffnung der Arbeiter. Die von den Gewerkschaften, den drei Arbeiterparteien und den örtlichen Selbstschutzformationen der Arbeiter in Bielefeld getroffene Vereinbarung wird damit zunichte. Zum zweiten Mal innerhalb von zwei Jahren zieht der General Watter zur Eroberung der Ruhr aus: Seine Truppen verhielten sich derart, daß selbst Severing sich beklagte. Die Verfolgungsmaßnahmen - lasch gegenüber den Kappisten - wüteten schrecklich gegen die "Sparta - sten" der Roten Ruhrarmee ... Der Kapp-putsch war zweifellos eine versäumte Gelegenheit für das deutsche Proletariat gewesen. Weder die Unabhängigen noch die Kommunisten hatten es verstanden, die Initiative zu übernehmen. Der Groll, doktrinäre und persönliche Streitigkeiten, das Blut der Jahre 1918- 1919 hatte sie daran gehindert (1) die Bedeutung von Legiens Handlungsweise zu erkennen und (2) die Zweckmäßigkeit seines Vorschlags, eine Arbeiterregierung zu bilden, während ihn Lenin als eindeutig positiv bewertete, da in einem Augenblick, in dem sich keine unmittelbare Perspektive für die Diktatur des Proletariats eröffnete, eine solche Regierung der Arbeiterklasse zweifellos einen neuen revolutionären Auftrieb ermöglicht hätte. Deshalb verteidigte Lenin die kommunistische Politik der "loyalen" Opposition gegenüber einer Arbeiterregierung, während sie von Karl Radek und Bela Kun in den Publikationen der Internationale heftig angegriffen wurde. Levi griff nach seiner Befreiung seinerseits heftig die Passivität der KPD und ihre anfängliche Tatenlosigkeit an. In der Partei der Unabhängigen hatte die Linke Führung, die Däumig -Gruppe, ebenfalls stark an Glaubwürdigkeit verloren: Die Arbeiter verstanden ganz klar, daß sie der Reichswehr eine Organisation und Waffen hätten entgegenstellen müssen. All dies konnten sie von der Kommunistischen Internationale erwarten. Selbst die rechtesten Führer der Unabhängigen, die Hilferding und Dittmann, weigerten sich nicht, sich an sie zu wenden. So gab der Kapp-Putsch, als eine verpaßte Gelegenheit, zugleich den Stoff zu neuen Überlegungen, und beschleunigte die Entwicklung, die zum Zusammenschluß von Unabhängigen und Kommunisten führte.

AUF DEM WEGE ZU EINER REVOLUTIONÄREN MASSENPARTEI

DER EINTRITT DER UNABHÄNGIGEN IN DIE KOMMUNISTISCHE INTERNATIONALE

Im August 1920 tagte der 2. Kongreß der Kommunistischen Internationale Die USPD hatte dazu vier Delegierte entsandt: Dittmann, Crispien, Däumig und Stöcker. Sie fanden eine Liste mit 21 Bedingungen für die Aufnahme in die Kommunistische Internationale vor. Für die Internationale ist in der Tat Deutschland der Schlüsser der europäischen Situation. Es handelt sich dort darum, so schnell wie möglich über ein Instrument der Eroberung der Macht durch das Proletariat und seines Sieges zu verfügen, über eine wahrhaft Kommunistische Partei.

Gerade der Unabhängigen wegen waren die 21 Bedingungen festgesetzt worden. Auf ihre rechten Führer war die 21. Bedingung gemünzt, die den Ausschluß der Gegner der Bedingungen und Thesen der Internationale aus der Kommunistischen Partei vorsah.[8] Denn Hilferding und seine Freunde hatten zeitweilig gezögert: Angesichts der unaufhaltsamen Strömung, die die Basis ihrer Partei zur Internationale treibt, wären sie bereit gewesen, sich derselben anzuschließen, unter der Bedingung, die Führung der neuen, vereinigten Partei behalten zu dürfen. Gerade das wollte Lenin ausschließen: Im Hinblick auf die kommenden entscheidenden Kämpfe um die Macht in Deutschland wollte er nicht Gefahr laufen, sie von einer Kommunistischen Partei geführt zu sehen, an deren Spitze sich Opportunisten befunden hätten, die, wenn sie sich auch später von Ebert und Noske mehr oder weniger distanziert haben, darum nicht weniger Opportunisten waren, die im entscheidenden Augenblick der beginnenden Revolution in Deutschland nach Liebknechts Ausdruck Ebert und Noske als "Feigenblatt" gedient haben.[9] Die Delegierten der USPD kommen uneinig zurück: Crispien und Dittmann sind gegen die Annahme der 21 Bedingungen, Däumig und Stöcker sind dafür. Die Diskussion in der Partei ist ernst und leidenschaftlich: alle Fragen werden besprochen, die Erfahrungen der letzten Jahre in Deutschland und Rußland, die Politik der Bolschewiki, die Struktur der Internationale. Was jedoch die Parteimitglieder am stärksten beschäftigt, ist der Aufbau jener revolutionären Partei, die dem deutschen Proletariat fehlt, die Schaffung jener revolutionären Führung, die zu dem schon mit Händen zu greifenden Sieg noch nötig war. Die gleiche Atmosphäre herrscht in Halle auf dem Kongreß im Oktober 1920. Die Kommunistische Internationale hatte Sinowjew und Losowski delegiert. Hilferding als Vertreter der Gegner des Eintritts, hat von dem kurz zuvor nach Deutschland geflüchteten Menschewiken Martov Unterstützung erhalten. Sinowjew und Hilferding sprechen jeder vier Stunden vor einem leidenschaftlich aufmerksamen Kongreß. Die stürmischen Debatten bleiben stets auf einem sehr hohen Niveau. Die Rechte bestreitet heftig Sinowjews Darstellung von der "aufsteigenden Revolution", sie glaubt nicht an die Revolution. Sinowjew erwidert, die objektiven Bedingungen für die Revolution existierten seit Jahren, was fehlte, sei eine Führung, sie zu schaffen, sei eben die Aufgabe des Kongresses. Schließlich wird der Eintritt der Unabhängigen in die III. Internationale und die Entscheidung, Vereinigungsverhandlungen mit der KPD zu führen, mit 237 gegen 156 Stimmen beschlossen.

Zwei Monate später, auf dem Berliner Kongreß im Dezember, wird die Vereinigung beider Organisationen durchgeführt, unter dem Namen "Vereinigte Kommunistische Partei Deutschlands (VKPD)". Die neue Partei zählt in ihren Anfängen etwa 350 000 Mitglieder, von denen ungefähr 300 000 aus der USPD stammen. Die der Vereinigung feindliche Minderheit schloß sich bald, von Hilferding gedrängt, der Mehrheitssozialdemokratie an. Nur eine kleine Gruppe versuchte unter der Führung des alten Ledebour, die Fahne der Unabhängigen hoch zu halten.

DIE ANFÄNGE DER VEREINIGTEN PARTEI

Die Vereinigung der revolutionären Kräfte stellte einen großen Sieg dar. Jedoch ergaben sich schon in ihren Anfängen ernsthafte Schwierigkeiten. Wenn es auch zwischen den beiden Organisationen keine grundlegenden Meinungsverschiedenheiten gab, so blieben doch einige Unterschiede bestehen. In der Kommunistischen Partei waren in der letzten Zeit die Traditionen von Spartakus zurückgekehrt, der Sektierergeist, ohne Verbindung zu den Massen. Sie waren allen Putschversuchen abhold, die so viel Unheil angerichtet hatten. Bei den Unabhängigen gab es hingegen eine starke Mehrheit von Arbeitermitgliedern, die keine ernstliche politische Bildung erfahren hatten – kein Führer der Unabhängigen erreichte auf theoretischem Gebiet die alten Spartakisten –aber die darauf brannten, wirksam eingreifen zu können, beseelt von revolutionärem Tatendrang. Dieses Gefühl findet schnell in der Bildung der "Linken" in der KPD Ausdruck, an deren Spitze der gebürtige Russe Arkadij Maslov, die junge Ruth Fischer und der Hamburger Arbeiter Ernst Thaelmann standen. Die Linke, die die systematische revolutionäre Aktion propagiert und bald die Geduld verliert über die vorsichtige Haltung der Führung, hat bald die Organisation in Berlin, in Hamburg und an der Ruhr in Händen. Außerdem hat die Internationale unter der Führung von Sinowjew einen riesigen Apparat auf die Beine gestellt. Für viele Berufsrevolutionäre ist Deutschland ein Betätigungsfeld, auf dem ihr Eingreifen oft alles andere als glücklich ist. Rechte und Linke der KPD suchen Unterstützung bei der Internationale. Die Führung, von der Opposition als zu "rechts" angeprangert, wird hauptsächlich von Paul Levi und Däumig wahrgenommen, zwischen denen Klara Zetkin, eine bei der USPD gebliebene Spartakistin, die Verbindung herstellt und aufrecht erhält. Sie ist entschlossen, die Partei auf den Weg zu führen, den Brandler am Tag nach dem Kapp-Putsch vorgezeichnet hatte, und an der Bildung einer Einheitsfront mit den sozialdemokratischen Arbeitern zu arbeiten. Am 8. Januar 1921 veröffentlich die "Rote Fahne" einen an die übrigen Arbeiterorganisationen (Sozialdemokraten, Unabhängige, – an deren rechte Minderheit, die die Beschlüsse des Kongresses von Halle abgelehnt hatte - KAPD) gerichteten Brief, worin gemeinsam Verteidigunsaktionen der Arbeiter in einer bestimmten Anzahl von ganz konkreten Punkten vergeschlagen werden. Lenin begrüßt diesen Brief, den Levi und Radek zusammen verfaßt hatten, als eine " vorbildliche politische Tat". Dagegen kritisieren ihn Sinowjew und Bucharin heftig. DasAusbleiben eines Echos bestärkt die Kritik der Linken, die dies für einen opportunistischen Schritt hält. Die Lage verschärft sich innerhalb der Partei: die Gegner Levis wissen jetzt, daß sie eine Unterstützung in der Internationale finden können. Bei diesem Stand der Dinge unternimmt es Levi, der sich auf dem Kongreß der sozialistischen Partei Italiens in Livorno eingefunden hat, Serrati, den Führer der Mitte, zu unterstützen, der sich weigert, die 21. Bedingung anzunehmen.[10] Daraufhin klagt ihn der Ungar, Matyas Rakosi, als Delegierter der Internationalen vor dem ZK der Partei an. Obwohl Levi die Unterstützung Däumigs und Clara Zetkins findet, wird sein Vorgehen in Livorno von einer schwachen Mehrheit mißbilligt. Eine neue Führung wird gewählt, die von dem ehemaligen Spartakisten, Ernst Mayer, und von Brandler, Thalheimer und Fröhlich gebildet wird. Dies alles ereignet sich, nachdem in Berlin als Abgesandte der Internationale die Ungarn Bela Kun und Pogarny und der Pole Guralsky aufgetreten sind. Kun, der unglückliche Held der ungarischen Revolution, ist ein Schützling Sinowjews. Wie dieser ist er der Politik Levis feindlich, ist er im Einklang mit der deutschen Linken ein Anhänger der revolutionären Offensive. Kun, obwohl er nicht vom Politbüro der bolschewistischen Partei, ja nicht einmal vom Exekutivkomitee der Kommunistischen Internationale beauftragt ist, schlägt großen Lärm und nützt sein Ansehen als Sonderbeauftragter aus: ohne Zweifel geschieht es auf seine Veranlassung hin, wenn die Kommunistische Partei im März 1921 die Vorbereitung eines bewaffneten Aufstandes unternimmt, ohne daß irgendetwas in ihrer Propaganda oder ihren öffentlichen Kundgebungen eine so abrupte Kehrtwendung ankündigte.

DIE MÄRZAKTION 1921

Anfang März 1921 haben sich Zwischenfälle in der Kupferminen in der Gegend von Mansfeld ereignet. Der Regierungspräsident, der Sozialdemokrat Hörsing, ruft Polizeitruppen herbei , deren Ankunft bei den Arbeitern der Kupferminen einen bewaffneten Widerstand provoziert, der sofort von der Arbeitern der Leuna-Werke unterstützt wird. Max Hoeltz, der nach dem Kapp - Putsch wegen seines "Abenteurertums" aus der KPD ausgeschlossen wurde, und sofort in die KAPD eingetreten war, kommt herbei, um sich an die Spitze der Bewegung zu stellen. Am nächsten Tag, dem 17. März , gibt die KPD einen Aufruf zum Aufstand heraus. In Wirklichkeit gibt es keinen bewaffneten Aufstand: nur einige begrenzte Erhebungen, wie in Hamburg, zahlreiche Zusammenstöße mit der Polizei, Attentate, Sabotageaktionen. In seiner Gesamtheit rührt sich das deutsche Proletariat nicht, Es ist ein völliger Mißerfolg. Nach einer Woche gibt das Zentralkomitee dann eine neue Losung heraus: Es handelt sich numehr um Generalstreik. Wiederum wird die Losung nicht befolgt, aber die Ergebnisse sind katastrophal: hier und da greifen kommunistische Aktionsgruppen, die sich zumeist aus Arbeitslosen zusammensetzen, Arbeiter an, die zur Arbeit gehen, und diese verteidigen sich. Den Kämpfen mit der Polizei sind die Kämpfe von Arbeitern gegen Arbeiter gefolgt, die schließlich in eine schwere Niederlage der Kommunisten auslaufen. Am 31. März kündigt das Zentralkomitee das Ende der Aktion an. Der entstandene Schaden ist groß. Die Partei ist wieder einmal illegal. Viele Mitglieder sind im Gefängnis. Die Aktion hat um die Partei eine feindliche Atmosphäre geschaffen, die bis zu den Kreisen der bewußtesten Arbeiterschft reicht. Vor allem die Brutalität der Aktion hat Verwirrung und Entmutigung in den eigenen Reihen der Partei geschaffen. Mehr als 15 000 Mitglieder, fast die Hälfte ihrer Anhängerschaft, verlassen sie innerhalb weniger Tage.

In Berlin haben Kommunisten, die Vertrauensleute der Metallgewerkschaft sind, öffentlich den Streik bekämpft. Während sich das Zentralkomitee dazu beglückwünscht, gegenüber den Provokationen der Polizei "die Initiative ergriffen" und eine " revolutionäre Offensive " in die Wege geleitet zu haben, durchbricht Paul Levi die Parteidisziplin und veröffentlicht eine Schrift "Unser Weg", in der er die Aktion der Partei als einen' bakunistischen Putsch " verurteilt. Er wird vom Zentralkomitee ausgeschlossen, vor dem er sich frei hat verteidigen können. Das Exekutivkomitee der Internationale heißt seinen Ausschluß gut.

Jedoch die Angelegenheit ist zu schwerwiegend, um ohne Folgen zu bleiben. Sie ist ein ernster Mißerfolg, aus dem zumindest die Internationale die Lehren zu ziehen und seine Ursachen zu begreifen versucht. Er wirft ein taktisches Problem auf, über dem sich die Führer der bolschewistischen Partei und der Internationale in zwei Lager teilen, bevor die Frage auf dem 3. Kongreß der Internationale geregelt wird. Lenin, Trotzki und Kamenjew sind für die Neuorientierung in der Politik der Internationale und für die Eroberung der Massen, Sinowjew, Bucharin und natürlich Bela Kun sind für die Beibehaltung der Politik der "revolutionären Offensive". Rechte und Linke in der deutschen KP formieren sich in Hinblick auf diese beiden Richtungen.

deren öffentlicher Zusammenstoß im Juni in Moskau stattfindet.

DER DRITTE KONGRESS DER KOMMUNISTISCHEN INTERNATIONALE (JUNI 1921)

In jenem Augenblick haben die bolschewistischen Führer ihre Entscheidung gefällt und die Wendung beschlossen: für sie ist es zweifellos, daß mit 1920 die erste Phase der revolutionären Bewegung nach dem Kriege geendet hat. Nunmehr hat sich die Bourgeoisie schon wieder unbezweifelbar gefestigt und hat sogar in mehreren Ländern zum Angriff auf die Arbeiterklasse übergehen können.

Das erfordert eine Wendung der Politik der Internationale. Die Arbeiter befinden sich nunmehr in der Defensive und die Kommunistischen Parteien müssen sich dieser neuen Lage anpassen. Dies sind die Themen, die Trotzki im ersten, dem Kongreß vorgelegten Bericht "Über die Aufgaben der Internationale" entwickelt. Es kann gar keine Rede mehr von einer "revolutionären Offensive" sein. "Heute sehen und fühlen wir zum ersten Mal" ruft Trotzki aus, "daß wir nicht so nah vor dem Ziel, vor der Machtergreifung, vor der Weltrevolution stehen. Damals, 1919, sagten wir uns, Es ist eine Frage von Monaten. Heute sagen wir, es ist vielleicht eine Frage von Jahren." Lenin unterstützte ihn völlig. "Wir sind gescheitert. Heute geht es darum, die Revolution gründlicher vorzubereiten." Radek faßt die neue Linie zusammen in der Losung: "Auf zur Eroberung der Massen!" Tatsächlich ist die gesamte Diskussion von der Märzaktion von 1921 und von der Frage nach der Haltung der KPD beherrscht, Thalheimer und Thaelmann und Fröhlich zusammen mit den Ungarn Bela Kun und Pugany nehmen die Themen von der revolutionären Offensive wieder auf. Sie betrachten die Stellungnahme Trotzkis und Lenins als eine Mißbilligung ihrer Parteiführung und als eine Zustimmung zur Haltung und politischen Stellungnahme Levis . Zweifellos drückt die Haltung Lenins eine gewisse Nachsicht gegenüber Levi aus, dessen "Kindereien" in seinen Augen nur eine unglückliche Reaktion auf die viel schwerwiegenderen "linken Kindereien" gewesen waren. Jedoch nahmen Trotzki und Lenin ganz klar Stellung für den Ausschluß Levis, der einen offenen Disziplinbruch begangen hatte. Im Laufe seiner weiteren Polemik mit der KPD unternahm Levi die Veröffentlichung der Aufzeichnungen Rosa Luxemburgs über die russische Revolution, die sie im Gefängnis geschrieben hatte. Damals widersetzte sich Levi zusammen mit Jogiches der Veröffentlichung eines Dokuments, in der Auffassung, es sei ohne zureichende Information verfaßt worden. (Nach seinem Bruch mit der KPD schloß sich Levi schließlich der SPD an. Als Reichstagsabgeordneter war er lange Zeit der Führer ihres "linken Flügels", bis zu jenem Tage im Jahre 1929, wo er sich im Laufe einer Depressionkrise das Leben nahm.) Trotz der Haltung der deutschen Delegierten rang sich der Kongreß zu der Entscheidung durch, die Lenin vertreten hatte: Klar und eindeutig die Taktik der revolutionären Offensive zu verurteilen, ohne deshalb Levis Handlungsweise zu rechtfertigen. Für den Kongreß war es weit weniger beschwerlich, Sinowjew und seinen Freund Bela Kun von der Verantwortung für die Märzaktion freizusprechen, an der sie doch so starken Anteil hatten. Nur Clara Zetkin machte im Laufe der Debatten einige vorsichtige Andeutungen über die Rolle der Internationale und ihrer Abgesandten. Die endgültige Entschließung verurteilte die Märzaktion in ihrem Inhalt, beurteilte sie aber zugleich als " einen

Schritt nach vorn". Der Hauptfehler der KPD bestand dem Kongreß zufolge darin, daß sie, anstatt den defensiven Charakter des Kampfes klar herauszustellen, den skupellosen Feinden des Proletariats, der Bourgeoisie, der Sozialdemokratischen Partei und den Unabhängigen einen Vorwand geliefert hat, die Vereinigte Kommunistische Partei vor dem Proletariat als einen Anstifter zu Putschen hinzustellen. Dieser Fehler wurde durch eine Reihe Parteigenossen vertieft, die die Offensive als die vorherrschende Kampfmethode der KP hinstellten.

"Lenins Ziel war erreicht: die Märzaktion erlaubt, der Partei eine neue Richtung zu geben, ohne daß sie zu einer großen Abrechnung innerhalb der Partei geführt hätte. Die von allen angenommene Stellungnahme des Kongresses erlaubte es, sich der Zukunft zuzuwenden." "Die Vereinigte Kommunistische Partei Deutschlands" so, lautete die These über die Taktik, "hat die ungeheure Aufgabe, ihren Einfluß auf die großen Massen zu erweitern, die proletarischen Massenorganisationen zu verstärken, die Gewerkschaften zu erobern, den Einfluß der Sozialdemokratischen Partei in der Gewerkschaftsbürokratie zu brechen. Diese wichtigste Aufgabe der Partei erfordert, daß sie die höchsten Anstrengungen macht zur Anpassung, Propaganda und Organisation, daß sie versucht, die Sympathien der Mehrheit des Proletariats zu gewinnen, ohne die angesichts der Macht des deutschen Kapitals kein Sieg des Kommunismus in Deutschland möglich ist.

LENIN GEGEN DIE ZERSPLITTERUNG DER PARTEI

Die Sorge um die Einheit der Partei hatte die Entschließung des dritten Weltkongresses bestimmt. Die gleiche Sorge um die Vermeidung einer Spaltung in der KP, die dem Proletariat sehr schaden müßte, weil sie dessen Uneinigkeit vertiefen würde, bestimmt Lenin nach dem Kongreß in seiner Haltung gegenüber der deutschen KP. Beunruhigt über die agressive Haltung der linken Minderheit, schlägt er die Entsendung ihrer Führer, insbesondere Maslows, nach Rußland vor, um der Partei Zeit zu lassen, ihre Meinungsverschiedenheiten zu überwinden und in ihren Reihen eine wirkliche Einheit zu schaffen. Gleichzeitig lehnt er die von der Rechten geforderten Strafmaßnahmen ab. Die KPD nimmt unter dem Einfluß von Meyer, dann seines Nachfolgers Brandler, die neue Orientierung vor, die ihr der Weltkongreß vorgezeichnet und die der Parteitag in Jena (August 1921) mit großer Mehrheit gutgeheißen hatte. Im Gegensatz zu Ruth Fischer, die noch immer die Rückkehr zur revolutionären Offensive fordert, und die Rechte für das Scheitern verantwortlich macht, erklärt sich der Parteitag für die "proletarische Einheitsfront", die von der Exekutive der Internationale im Dezember gebilligt wird. Die Linke streckt jedoch nicht die Waffen. Sie jubelt lauthals, als das Exekutivkomitee der Kommunistischen Internationale im Juni 1922 der deutschen Führung nach der gemeinsam mit den Sozialdemokraten geführten Kampagne zu den Grundfreiheiten (bei Gelegenheit der Ermordung Walter Rathenaus durch Nationalisten) ins Gedächtnis ruft, daß die Partei niemals auf die Unabhängigkeit ihrer Propaganda verzichten darf. Sie verschreit es als Opportunismus und Reformismus, als sich die KP in einem auch von der sozialdemokratischen Führung und der Gewerkschaftleitung unterzeichneten Text verpflichtet, die Forderungen der Arbeiter gegen die Unternehmer zu verteidigen. Die von Malow und den Führern der Arbeiteropposition der bolschewistischen Partei in der Sowjetunion aufgenommenen Kontakte bestärken die Linke in ihrer Überzeugung, daß sie dabei ist, gegen die Entartung des Kommunismus zu kämpfen. Daß der "rechte" und der "trotzkistische" Kurs, wie Ruth .Fischer sagt, der Internationale einem Rückgang der Revolution in der Sowjetunion selbst entspricht. Lenin hatte gegen die Führer der Arbeiteropposition strenge Maßnahmen gefordert und getroffen, nachdem er ihr gegenüber alle Mittel zur Versöhnung erschöpft hatte, wobei der doch gleichzeitig die Pforten der Partei weiterhin weit offen für sie ließ. Er stellte sich entschlossen allen Strafmaßnahmen entgegen, die die Rechte der KP forderte. Dem Parteiführer Meyer, der den Ausschluß der Linken fordert, und eine Wendung vorschlägt, die er die "deutsche NEP" nennt, hält Lenin entgegen, daß die NEP auf spezifisch russischen Voraussetzungen beruhe und daß das wahre Problem immer noch darin bestehe, die proletarische Revolution in Deutschland gründlich vorzubereiten.[11] Die politische Entschließung des IV. Weltkongresses der Kommunistischen Internationale entwickelte die Leninsche Vorstellung von der Arbeitereinheitsfront und verwirft die Auslegung der Linken, die nun eine Einheitsfront an der Basis will, ebenso wie die rechte Auffassung von Meyer, der nur auf die "Übereinkünfte der Spitze" zählt. Sie verwirft die auch von Sinowjew geteilte Meinung der Linken, nach der es nur unter der Führung der KP und nur in der sowjetischen Form eine "Arbeiterregierung" geben könne, stellt aber zugleich fest, daß die Mitarbeit der Kommunisten in regionalen "Arbeiterregierungen" nur im Hinblick auf eine nah bevorstehende Machtergreifung und die Errichtung wirklicher proletarischer Bastionen zu rechtfertigen sei.

Der IV. Kongreß hatte die letzte öffentliche Stellungnahme Lenins zu internen Parteiangelegenheiten der KPD erlebt. Wie 1919, wo er den Abgang der Linken von der KAPD zu verhindern versucht hatte, wie 1921, wo er alle seine Kräfte einsetzte, um den rechten Levi in der Partei zu behalten, so macht er es sich 1922 zur Aufgabe, den Ausschluß der Linken zu verhindern, und widersetzt sich dem Drängen jener, die gerne gesehen hätten, daß er sein Ansehen in den Dienst einer neuen Spaltung stellte. Die Sorgfalt, mit der dejenige Führer, der die eiserne Disziplin in der Partei repräsentierte, die Kader der deutschen Organisation schützte, jegliche bürokratische Disziplin verwarf und die auftretenden politischen Probleme bis zu Ende diskutierte, zeigt, in welchem Maße er von der Einsicht in die Notwendigkeit des Aufbaus der Partei in Deutschland, in die Chancen der Revolution und die Gefahren der Konterrevolution durchdrungen war. Ein Jahr später, nachdem Lenin zum Kampf unfähig ist, werden die Kommunistische Partei Deutschlands und die Internationale eine neue Schlacht verlieren. Ebenso durch ihre unmittelbaren Folgen wie durch die Art, in der sie hervorgerufen wurde, kündigt die Niederlage in Deutschland im Oktober 1923 zugleich die Entartung der russischen Revolution und die der Kommunistischen Internationale an.

21. Dezember 1918 Berlin. Karl Liebknecht hält eine Ansprache für die am 6. Dezember 1918 ermordeten Revolutionäre

Beerdigung von Karl Liebknecht

Rosa Luxemburgs Begräbnis

Parteitag der USPD in Halle

1923

DAS JAHR DER ENTSCHEIDUNGEN: 1923

Zu Anfang des Jahres 1923 steht die Stabilisierung auf der Tagesordnung, in Deutschland und auch im übrigen Europa. Zum ersten Mal seit 1918 sind die Sozialdemokraten von der Regierung ausgeschlossen, und zwar mit dem Sturz der Regierung Wirth. Die neue Regierung unter Reichskanzler Cuno, dem Direktor einer der größten Reedereien beabsichtigt, eine der grundlegenden Errungenschaften der Sozialdemokratie, den Achtstundentag, rückgängig zu machen. Die Herrschaft der Bourgeoisie scheint wieder auf festen Füßen zu stehen. Doch diese Stabilisierung erweist sich als äußerst hinfällig, als eine schroffe internationale Krise um die Frage der Reparationleistungen ausbricht und Anfang Januar mit der Besetzung des Ruhrgebietes durch französische Truppen schärfste Formen annimmt.[12]

Die junge KP, die vor eine revolutionäre Situation gestellt wird, verfolgt die Politik weiter, auf die sie sich im Laufe der Stabilisierungsperiode eingerichtet hatte und erkennt die revolutionäre Welle erst in dem Augenblick ihres Abebbens. Die Linke (deren Anhänger eine ständige revolutionäre Offensive propagieren) versagen auch: beiden fehlt die klare Einschätzung der Lage. Der deutsche Imperialismus entkommt so der schweren Krise von 1923 mit Hilfe von amerikanischem Kapital und dem Dawes- Plan.

Von der Weltwirtschaftskrise 1929 hart getroffen, rettet sich der Kapitalismus wieder, wobei er diesmal zum Faschismus Zuflucht nimmt., und den zweiten Weltkrieg vorbereiten muß. Da eine revolutionäre Führung des Proletariats fehlt, gelingt es dem deutschen Kapitalismus - obwohl er unfähig ist, seine Widersprüche grundsätzlich zu lösen - immerhin zeitweilig aus der Krise herauszukommen, allerdings um wenig später in eine neue nicht minder schwere Krise zu geraten, gegen deren ständig wachsende Gefahren eine einzige Rettung bleibt: die Machtübernahme durch das Proletariat.

DIE INTERNATIONALE KRISE :
BESETZUNG DES RUHRGEBIETS

Infolge von französisch - britischer Meinungsverschiedenheiten über die Haltung, die man in bezug auf den deutschen Widerstand gegen die Bezahlung der im Versailler Vertrag vorgesehenen Reparationen einnehmen will, und zwar am Tage nach der gescheiterten internationalen Konferenz vom 2. - 4. Januar, beschließt die Regierung Poincaré, das Ruhrgebiet besetzen zu lassen, in das die französischen Truppen am 1.. Januar einfallen. Innerhalb weniger Monate wird die internationale Krise in Deutschland eine nie dagewesene wirtschaftliche, soziale und politische Krise auslösen: Um die durch die Besetzung dieses Schlüsselgebietes der deutschen Wirtschaft hervorgerufenen enormen finanziellen Bedürfnisse decken zu können, läßt die Regierung Cuno gleich im ersten Monat die Geldnotenpresse in Bewegung setzen: die ..Mark bricht zusammen, indem sie von 50 000 pro Pfund Sterling auf 250 000 Pfund Sterling am Ende des Monats fällt. Auf dieser bereits katastrophalen Höhe stabilisiert, nimmt sie ihren Sturz, diesmal noch steiler abwärts, erst im April wieder auf.

Die Ereignisse an der Ruhr erschüttern Deutschland zutiefst. Sofort nachdem Poincaré seine Entscheidung bekanntgegeben hat, verkündigt die Regierung Cuno ihre Absicht, Widerstand zu leisten. Am 12. Januar richtet der Präsident der Republik, Ebert, einen Aufruf an das deutsche Volk.

Am 13. spricht der Reichstag (mit 284 gegen 12 Stimmen - die der Kommunisten) der Regierung Cuno sein Vertrauen aus und billigt die Losung des "passiven Widerstands". Jegliche Zusammenarbeit, jegliche Auszahlung, selbst jeglicher Kontakt zu den französischen Besatzungsbehörden ist den Deutschen untersagt, der Streik wird zur patriotischen Pflicht --- Sehr bald mehren sich die Zwischenfälle zwischen den französischen Truppen oder Besatzungsbehörden und den deutschen Arbeitern.

In Düsseldorf und Bochum schießen französische Truppen auf Demonstranten. Am 17. wird der Bürgermeister von Dortmund verhaftet, am 27. der Großindustrielle Fritz Tyssen. Die Erregung steigt. Die Regierung verspricht, um den Widerstand zu stützen, den Unternehmern und den Arbeitern, die Widerstand leisten, ihre finanzielle Hilfe' ; sie droht diejenigen, die noch arbeiten, als Verräter zu betrachten. Die französische Regierung antwortet darauf, indem sie den Steuerertrag und die Kohle beschlagnahmt und sich die Verkehrsmittel unterstellt. Schließlich weist sie alle deutschen Behörden, einschließlich der Polizei, aus der besetzten Zone aus.

Tatsächlich sind im Januar und fast im ganzen Februar die Industrie und das Transportwesen im ganzen Rheinland völlig stillgelegt. In den Betrieben häufen sich Sabotageakte, ebenso auf den Eisenbahnlinien und an Telephonleitungen. Die Franzosen antworten mit Massenverhaftungen, dann mit Hinrichtungen, von denen die des Nationalisten Schlageter das meiste Aufsehen erregt.[13]

Doch der Widerstand der Massen zerbröckelt sehr rasch. Die Arbeiter tragen in der Tat die Last ungeheurer Opfer, die durch keine wirksame Hilfe ausgeglichen werden, und es wird ihnen immer klarer, daß sie die einzigen sind, die zahlen müssen. Die Tyssens und die Krupps, aus denen die bürgerliche Presse die Helden der Widerstandsbewegung macht, sind ihre Feinde von eh und je : Die Mehrzahl der Unternehmer benützt den "Streik", um Fabriken besser einzurichten und das Material zu erneuern, und sie treiben unter der Hand Handel, um französische Garantien zu bekommen. Als die Arbeit wieder aufgenommen wird, ist der "passive Widerstand" nur eine traurige Farce: man "liefert" den Franzosen keine Kohle, sondern begnügt sich damit, sich diese von den Loren "wegnehmen" zu lassen. Vom März an nimmt die von den Franzosen weggenommene Kohlenmenge täglich zu.

DIE NATIONALISTISCHE REAKTION

Die Besetzung der Ruhr hat vom ersten Tag an den Nationalisten einen gewaltigen Auftrieb gegeben. Der General Ludendorff, ehemaliger Generalstabschef des Kaisers, erläßt einen "Ruf zu den Waffen ". In ganz Deutschland gibt es eine Explosion der Empörung gegen die französische Agression, die den Groll verstärken hilft, der aus dem Waffenstillstand vom 1. November 1918 und dem Versailler "Diktat" entstanden war. Die extremistische Propaganda der Nationalisten profitiert davon, indem sie sie mit ihrer besonderen Kennzeichnung versieht: sie brandmarkt die "schwarze Schande".[14] als Verletzung der Rassenehre und appelliert an die heftigsten Gemütswallungen. Die Reste der Freikorps und Überbleibsel der konterrevolutionären Geheimorganisationen, die nach Kriegsende aufgeblüht waren, organisieren und entwickeln sich, von neuem durch mächtige Fonds unterstützt, um sowohl gegen die Imperialisten der "Entente" wie gegen die "rote Gefahr" zu kämpfen, die zur Urheberin der Niederlage und des "Schandfriedens" gestempelt wird. Während ehemalige Offiziere und Unteroffiziere paramilitärische Gruppen aus der Jugend rekrutieren, wächst die "schwarze Reichswehr"[15], und Gruppen von Saboteuren und Terroristen werden ins Ruhrgebiet geschickt.

In Bayern, das seit 1919 die Hochburg der deutschen Reaktion bildet, befindet sich das aktivste nationalistische Zentrum. Unter dem Schutz der reaktionären Regierung von Kahr entstehen bewaffnete konterrevolutionäre Gruppen. Ludendorff steht in engem Kontakt mit der Nationalsozialistischen Partei Hitlers, von dem die Öffentlichkeit damals zum ersten Mal hört. Als der Hauptmann Ehrhardt, der berüchtigte Chef der Freikorps, der wegen der Rolle, die er beim Kapp-Putsch gespielt hatte, eine Gefängnisstrafe abbüßte, aus dem Leipziger Gefängnis flieht, flüchtet er nach Bayern, und in einer Versammlung feiert Hitler diesen gelungenen Streich.

IN DER KP : DER LEIPZIGER PARTEITAG

Vom ersten Tag an hat die deutsche KP darauf geachtet, daß ihre Politik des Widerstandes gegen die Besetzung des Ruhrgebietes nicht als eine Billigung der Politik Cunos oder gar als Unterstützung für diesen angesehen werden könnte.[16]

Die kommunistischen Abgeordneten stimmen im Reichstag bei der Vertrauensfrage gegen die Regierung und gegen den "passiven Widerstand". Für die deutschen Kommunisten richtet sich der Kampf gegen zwei Imperialismen, und ihr einziger Verbündeter ist das französische Proletariat: Die Essener Konferenz wird versuchen, die internationale Kampffront zu organisieren[17]. Tatsächlich zieht die Besetzung des Ruhrgebietes in der Politik der KP keine Wendung nach sich.

Der Parteitag von Leipzig im Januar ist ganz und gar von heftigsten Diskussionen über die Auslegung der Losungen von der "Arbeitereinheitsfront" und der "Arbeiterregierung" beherrscht. Die Rechte, die mit Thalheimer und Brandler führt - letzterer folgte auf Ernst Meyer - besteht darauf, daß Übereinkommen zur Verwirklichung der Einheitsfront Übereinkommen an der Spitze mit einbegreifen. Für Sachsen und Thüringen, wo die Kommunisten und Sozialdemokraten zusammen die Mehrheit im Landtag haben und wo sich bei den Sozialdemokraten eine linke Tendenz entwickelt hat, schlägt die Führung unter Brandler vor, eine "Arbeiterregierung" zu bilden, durch den Eintritt der Kommunisten in die Regierungen, die von den linken Sozialdemokraten geführt werden.

Diesen Thesen setzen Ruth Fischer, Maslow und Thaelmann diejenigen der Linken entgegen: Einheitsfront an der Basis, Arbeiterregierung unter Führung der KP, und sie wiederholen unermüdlich das Thema von der revolutionären Offensive. "Die Partei" , so verkündet Ruth Fischer, "muß handeln und ohne Unterlaß versuchen, die Massen in Bewegung zu bringen.

Diese Diskussionen beschäftigen den ganzen Kongreß, auf dem das Ruhrgebiet gar nicht erwähnt wird. Der Vorschlag der Linken "die politische Situation und die Aufgaben der Partner" auf die Tagesordnung zu setzen, wird von der Führung als ein Mißtrauensantrag angesehen und mit 122 gegen 88 Stimmen abgelehnt. Die Thesen Brandlers über die Einheitsfront und die Arbeiterregierung werden mit 118 gegen 59 Stimmen angenommen. Wieder einmal geht die Partei um Haaresbreite an der Spaltung vorbei, die Radek als Delegierter der Kommunistischen Internationale um jeden Preis zu vermeiden versucht hat. Weder Maslow, noch Ruth Fischer noch Thaelmann werden in das Zentralkomitee gewählt.

NEUER SCHIEDSSPRUCH DER INTERNATIONALE

Die Differenzen in der Partei vertiefen sich umso mehr, als die Besetzung des Ruhrgebietes außerordentliche und revolutionäre Bedingungen in diesen Gebieten geschaffen hat, und dort die linken Kommunisten die Mehrheit der Organisationen kontrollieren. Sofort nach dem Leipziger Parteitag verfolgen die Kommunisten des Ruhgebiets ihre eigene Linie. Der offiziellen Linie, die sie als eine tatsächliche Unterstützung der Regierungspolitik des passiven Widerstands ansehen, setzen sie eine Politik der revolutionären Offensive entgegen, mit dem Ziel, die Gruben und Fabriken in die Hände von Arbeiterräten zu bringen und die Machtübernahme vorzubereiten, gestützt auf die Arbeitermilizen, die sie unter dem Namen "rote Hundertschaften "organisieren. Für sie soll die Proklamierung einer Arbeiterrepublik des Ruhrgebiets die Antwort der Arbeiter an die beiden verbündeten Imperialismen sein.

Diese Linie wird von der Bezirkskonferenz der KP vom 25. März in Essen mit großer Mehrheit angenommen. Sie hat eine Reihe von heftigen Zwischenfällen zur Folge, die die Führung der KP als "abenteuerliche und putschistische Aktionen" bezeichnet. Am 31. März gibt es 13 Tote und 42 Verletzte um die Kruppwerke in Essen; am 13. April übernimmt die KP in Mühlheim die Macht, indem sie sogleich Arbeiterräte und Milizen bildet. Die Sicherheitspolizei, die auf die Bitte von Berlin und mit der Genehmigung von Paris zurückgekommen ist , nimmt am21. das Rathaus von Mühlheim wieder ein. Es gibt 10 Tote und 70 Verletzte. Im Mai spielen sich neue Zwischenfälle in Bochum (13 Tote) und in Gelsenkirchen ab, wo die Bergleute sich der Polizeiposten bemächtigen, sie ausplündern und die Akten vernichten.

Der Gegensatz zwischen der Parteiführung und der Linken, unter deren Einfluß die Kommunisten des Ruhrgebiets stehen, wird so heftig, daß das Exekutivkomitee der Internationale sich erneut einschaltet. Zum 22. April beruft es in Moskau eine internationale Konferenz ein, um die Meinungsverschiedenheiten zu schlichten. Neben Bucharin, Radek, Trotzki und Sinowjew als Delegierten der russischen Partei waren Brandler und Böttcher für die Parteiführung und Maslow und Thaelmann als Vertreter der Linken einberufen worden. Wieder einmal akzeptieren beide Seiten eine Kompromißlösung und erkennen die von beiden Seiten begangenen Fehler. Erneut wird die Linie der Einheitsfront bekräftigt und man verurteilt die revolutionäre Initiative, solange keine revolutionäre Bewegung im übrigen Deutschland und in Frankreich entsteht. Man billigt die Allianz mit dem linken Flügel der Sozialdemokratie in Sachsen, lehnt aber eine Beteiligung der Kommunisten an der sächsischen Regierung ab. Für ganz Deutschland soll die Losung der Arbeiterregierung ausgegeben werden. Außerdem beschließt diese außerordentliche Konferenz die Erweiterung des Zentralkomitees der KPD um vier führende Mitglieder der Linken, darunter Thaelmann, Maslow und Ruth Fischer. Als Gegenleistung für diese Geste verpflichtet sich die Linke, keinen "Bürgerkrieg" innerhalb der Partei auszulösen und keine Propaganda für ihre Thesen außerhalb von Berlin und Hamburg zu machen, wo sie ihre Hochburgen innerhalb der nicht besetzten Zone haben. Wieder einmal hatte die Internationale verantwortlich gehandelt: die deutsche Sektion sah sich tatsächlich unmittelbar danach vor die ernsteste revolutionäre Krise gestellt, die Deutschland seit 1918 erlebt hat.

DIE REVOLUTIONÄRE KRISE

Die Inflation

Wir haben gesehen, daß die Regierung Cuno die Mark Ende Januar auf 250 000 Pfund Sterlin stabilisiert hatte. Auf dieser Höhe hält sie sich bis April, dann stürzt sie jäh. Die Versuchung für die Regierung war zu groß, die durch die Krise des Ruhrgebiets hervorgerufenen enormen Mehrausgaben durch Vervielfältigung der Geldscheine zu finanzieren. Und sie war nicht weniger groß für alle Besitzenden, wegen der ganz außerordentlichen Aussichten auf Gewinn, den ihnen eine galoppierende Inflation versprach. Als kapitalistische Regierung und Gefangene der Kapitalisten konnte die Regierung Cuno nicht widerstehen. Das Pfund Sterling geht auf 500 000 Mark im Juni, um 1 1/2 Millionen im Juli und 5 Millionen im August zu erreichen. Die Preise steigen schwindelerregend. Das Kleinbürgertum, Rentner und Sparer, ist zu Tode getroffen, vollständig ruiniert. Die Lohnempfänger sehen , wie ihre Kaufkraft zusammenstürzt: Monatlich bezahlte Angestellte und Beamte sind noch stärker betroffen , als die wöchentlich entlohnten Arbeiter, da die Löhne und Gehälter nur sehr langsam den steigenden Preisen folgen.

Auf das Deutschland von 1923 senkt sich erschreckendes

Elend. Eine Arbeitslosenunterstützung mit Symbolwert und Hungerlöhne, während die Bauern, erschreckt von dieser Entwertung, die landwirtschaftlichen Produkte zurückhalten und horten. Überall entstehen Hungerrevolten. Lebensmittelspeicher und Bäckereien werden geplündert. Arbeiter und Arbeitslose versammeln sich, oder marschieren mit ihren Frauen und Kindern und fordern Brot. Bei dieser Unterernährung verursacht auch die Tuberkulose verheerende Verwüstungen. In Berlin wird eine wahre Selbstmordepidemie verzeichnet. Der privilegierte Arbeiter, d. h. derjenige, der Arbeit hat, braucht ganze zwei Tage vom durchschnittlichen Lohn eines qualifizierten Arbeiters für ein Pfund Butter und den Lohn von ganzen 5 Monaten für einen Anzug.

Die Inflation bedeutete jedoch nicht Elend für jeden. Die Besitzer von Gold oder von Devisen erzielen fantastische Gewinne. Industrielle und Unternehmer, deren Ausgaben an Löhnen und Sozialisten praktisch auf ein Nichts gesunken sind, können ihre Preise senken und gegen Devisen im Ausland ihre Waren absetzen. Es ist ein wahres goldenes Zeitalter für Trusts und Banken, die in dieser Zeit enorme und sichere Gewinne verzeichnen, während die Kleinbürger und Proletarier in Elend und Hoffnungslosigkeit versinken.

Es versteht sich, daß sich unter diesen Umständen eine wahre Flut revolutionärer Gefühle entwickelte. Der Geist der Revolution, der "Geist vom November" ist bei weitem übertroffen. Nichts bleibt mehr von den ideologischen Schranken bestehen, die die Bourgeoisie unter den großen Massen aufrichtet, um ihre Herrschaft zu sichern. Die Begriffe von Ordnung, Gesetzlichkeit und Eigentum haben keinen Inhalt mehr. Das Kleinbürgertum steht tiefer, als das Proletariat und hat nichts mehr zu verlieren. Es gibt keine Arbeiteraristokratie mehr: alle Löhne sind zum tiefsten Lohn hin ausgeglichen, noch unter dem Existenzminimum. Die Beamten gehorchen dem Staat nicht mehr, der ihnen nur noch Spottlöhne bezahlt. Die Polizei sieht Hungerdemonstrationen und -Revolten oft teilnahmlos zu. Selbst die Armee ist wenig sicher, die bürgerliche Republik hat den Deutschen nichts als Erniedrigung und Elend gebracht und ein Hungernder entschließt sich nicht leicht, auf einen Hungernden zu schießen, wenn auch ihn am Ende der Hunger erwartet. Wie kann man ein Regime stützen, das bis zu einem solchen Grade zerfallen ist, und das verantwortlich für dies entsetzliche Elend ist, zudem in einem der fortgeschrittensten Länder?

Die bürgerliche Regierung versucht zugleich den Ruhrkonflikt und das, was Rosenberg treffend die "Inflationsorgie" nennt, zu rechtfertigen. Damit aber vergrößert sie nur die Verbitterung.[18] Mehr noch als 1918 - 1919 steht die deutsche Bourgeoisie am Rande des Abgrunds. Denn nunmehr ist auch ihr solidestes Bollwerk, der sozialdemokratische Apparat, bis in seine Grundfesten erschüttert.

DIE KRISE DER SOZIALDEMOKRATIE

Die Führung der Sozialdemokraten hat sich seit 1919 nicht weiter entwickelt. Gewiß, sie hat sich Noskes entledigt, der zu zynisch, zu blutrünstig und zu offen mit dem extremen Militarismus und den Generälen kompromittiert war. Aber die Revolution ist ihr noch immer genauso verhaßt, äußerstes Unheil in einer unheilvollen Welt. Die sozialdemokratische Partei ist bereit, die Führung des kapitalistischen Staates zu übernehmen, um die internationale Krise und die Inflation zu beenden. Sie will nicht aus dem Rahmen der Verfassung und Legalität ausbrechen. Nie wird sie anders als mit Verachtung auf die Vorschläge zur Einheitsfront der Kommunisten antworten.

Und doch ist zum ersten Mal seit dem Krieg ein linker Flügel in der Sozialdemokratie entstanden, der nichts mit der alten Tendenz der Unabhängigen zu tun hat. Eine ganze Reihe von Parteimitgliedern, besonders die mittleren Kader, haben sich nach den Ereignissen der letzten Jahre und besonders nach dem Kapp-Putsch davon überzeugt, daß die Politik, die sie an das Parlament, an die bürgerlichen Parteien bindet, sie im Grunde zu Verbündeten der schlimmsten Feinde der Arbeiterklasse macht, der Großkapitalisten und Generäle.

Zugleich haben sie die Notwendigkeit einer Einheitsfront der Arbeiterklasse erkannt und sind bereit, auf die Vorschläge der KP einzugehen. Dieser linke Flügel ist besonders in Thüringen und Sachsen stark, wo er von Doktor Erich Zeigner geführt wird. Im März haben die sächsischen Sozialdemokraten im Landtag die Koalition mit den bürgerlichen Parteien gelöst, und die neue sozialdemokratische Regierung von Zeigner stützt sich auf die Stimmen auch der kommunistischen Abgeordneten.

Aber die Krise der Sozialdemokratie geht noch tiefer, als es diese neue Entwicklung eines linken Flügels vermuten läßt. Ihr Organismus ist im Innersten angeschlagen. Was seine ganze Kraft ausmachte: die Gewerkschaften, Grundlage der Macht des sozialdemokratischen Apparates, sind im Zerfall begriffen. Ihre Kassen sind leer, durch die Inflation ruiniert. Keine, ein Auskommen garantierenden Löhne mehr für Zehntausende von Funktionären. Keine Unterstützung mehr für Hunderttausende von Mitgliedern, die darauf Anspruch haben. Durch den Verfall des Geldes und die Preissteigerungen haben die Tarifverträge jeden Sinn verloren. Kurz, die Gewerkschaften und ihre alten Begriffe von Gewerkschaftsarbeit haben keinen Bezug zur sozialen Wirklichkeit mehr.

Die Arbeiter verlassen sie massenweise. Im Sommer 1923 sind es im Vergleich zum Sommer 1922 um 2 Millionen gewerkschaftlich Organisierte weniger. Die, die bleiben, zählen nicht mehr. Die Beiträge sind sowieso wertlos. Die riesige Maschinerie hängt im Leeren.

Die Erbitterung der Arbeiter gegen das kapitalistische System richtet sich nun auch gegen die Sozialdemokratie, die krampfhaft an der bürgerlichen Republik festhält, und keinen Ausweg zeigt. Wenn also Ende 1922 die große Mehrheit der deutschen Arbeiter ihr noch folgte, so kann man mit Bestimmtheit sagen, daß diese Mehrheit sich im Sommer 1923 vollkommen von ihr abgewendet hat.

Von diesen Annahmen ausgehend hat Arthur Rosenberg einige Indexziffern gesucht, die den Beweis erbringen sollten für diese Zeit, in der nur sehr wenige Wahlen abgehalten wurden. Bei den Landtagswahlen in dem ländlichen Gebiet von Strelitz erlangten die Kommunisten im Juli 1923 1 1000 Stimmen gegen 12 000 der Sozialdemokraten, obwohl diese noch 1920 25 000Stimmen gegen 2 00 0 der Unabhängigen erhalten hatten. Eine gewerkschaftsinterne Abstimmung der Metallarbeiter von Berlin im Laufe des gleichen Monats Juli ergibt 54 000 Stimmen für die Kommunisten gegen 22 000 Stimmen für die Sozialdemokraten[19].

DIE REVOLUTIONÄRE AUTORITÄT DER KP

Die Arbeitermassen, die sich aus Haß gegen das kapitalistische System von der Sozialdemokratie abwenden, gehen natürlich zur KP, weil diese in ihren Augen die Partei der Arbeiterrevolution ist, die einzige Partei, die den Willen hat, mit diesem Hungerregime Schluß zu machen.

Im Jahre 1918 - 1919 hatten die Sozialdemokraten mit

dem wirtschaftlichen Chaos gedroht, das sie für den Fall des Sieges der "Bolschewiken " voraussagten. Die Bolschewiki wurden geschlagen, und was die Arbeiter erfahren, ist Chaos und Elend. So erscheint die Oktoberrevolution den deutschen Massen in einem neuen Licht. Sie ist nicht mehr, wie so viele geglaubt und gesagt haben, die "Sozialisierung des Elends", sondern der Sozialismus, der einzige Ausweg, um dem Elend zu entkommen. Die KP scheint die einzige Macht zu sein, die fähig ist, der Ausbeutung des deutschen Proletariats ein Ende zu machen. Daher wendet sich dieses nun zur KP und wartet auf ihre Initiative, vermeidet hingegen einzelne spontane und ungeordnete Aktionen, denn diese hatten in den Jahren zuvor eine Niederlage herbeigeführt.

So scharen sich Massenorganisationen um die KP, die von Parteimitgliedern der KP beeinflußt werden. Es sind dies die zahlreichen "Ausschüsse zur Preisüberwachung", die in Stadtvierteln und Städten gegründet werden, um gegen die Preissteigung vorzugehen. Es sind dies die "Fabrikausschüsse", mit denen die Kommunisten wieder an die deutsche Tradition der "Vertrauensleute" oder "Obleute" anzuknüpfen versuchen, und die oft auf Kosten des Gewerkschaftsapparats als die wahre Arbeiterführung in den Betrieben erscheinen. Und es sind schließlich die Arbeitermilizen, die "roten Hundertschaften", ebenfalls auf Betriebsebene organisiert, in denen sich Kommunisten, Sozialdemokraten. Christen und Parteilose für das gleiche Ziel zusammenschließen: den Kontroll- und Fabrikkomitees als Vollzugsorgane zu dienen und die Arbeiter vor Angriffen der extremen Rechten, insbesondere der Nazis zu schützen.

Im Frühjahr 1923 fand an dem Tage, an dem der sowjetische Botschafter in Italien - Worowski - bestattet wurde, in Berlin ein großer Fackelzug statt, von den Victor Serge, der einen Bericht darüber hinterlassen hat, sagte, daß er "die Periode der revolutionären Mobilisierung eröffnet" habe.

Trotz dieser günstigen Aussichten und der wachsenden Sympathien der Arbeiter bestehen die Uneinigkeiten im Inneren der KPD fort. Für die Linke handelt es sich darum, systematisch die Entwicklung und die Verstärkung der Fabrikausschüsse voranzutreiben, denn diese werden die Räte, die Hundertschaften, ja der Kern der Roten Armee von morgen sein. Die KPD muß den Kampf um die Macht unverzüglich aufnehmen. Für die Rechte gilt es, durch Propaganda und Praxis der Einheitsfront die Anhängerschaft der KP in der deutschen Arbeiterklasse zu vergrößern.

Der Sturz Cunos ebnet den Weg für eine Arbeiterregierung, deren Ankündigung und Modell die parlamentarische Allianz im sächsischen Landtag ist. Die beiden Richtungen nehmen gegeneinander die alten Argumente für neue Themen wieder auf. Die Rechte wirft der Linken Sektierertum vor, beschuldigt sie, die Betriebsräte systematisch gegen die Gewerkschaften aufzuhetzen, und verwirft ihre putschistischen und abenteuerlichen Neigungen. Die Linke erwidert , daß die Rechte die Entwicklung der Fabrikausschüsse bremse, um den Gewerkschaftsbürokraten nicht zu mißfallen. Für die Rechte sind die roten Hundertschaften im Ruhrgebiet Milizen im Dienste einer putschistischen und abenteuerlichen Politik. Für die Linke sind die sächsischen Hundertschaften nach Wunsch der "reformistischen Kommunisten" einfach Polizeihilfskorps, beauftragt mit einer wirtschaftlichen Kontrolle, die, ausgeübt von "Organen der Klassenkollaboration", als welche die Linken die Kontrollkomitees bezeichnen, nur wenig wirksam sind.

Jedoch die heftigsten Streitigkeiten brechen über die Frage aus, welche Haltung den ausländischen Nationalisten gegenüber einzunehmen sei.

DER JUNI - KURS : DIE SCHLAGETERLINIE

Schon im Februar hatte der Theoretiker der deutschen KP, Thalheimer, in einem in der Kommunistischen Internationale veröffentlichten Artikel die aus der Besetzung des Ruhrgebiets entstandenen Probleme in einer für die Linke unzulässigen Weise behandelt. In einer Analyse der vorherrschenden Kräfte wies er der deutschen und der französischen Bourgeoisie verschiedene Rollen zu. Seiner Meinung nach spielte die deutsche Bourgeoisie "wider Willen eine objektiv revolutionäre Rolle". Die "Niederlage des französischen Imperialismus im Ruhrgebiet" war für ihn ein "kommunistisches Ziel". Darauf hatten die tschechischen Kommunisten Neurath und Sommer in den gleichen Zeitungsspalten heftig geantwortet, ob dies die Unterstützung der Regierung Cuno durch die deutschen Kommunisten bedeuten solle? [20]

Es scheint, daß ein solcher Gedanke zumindest im Kopfe Karl Radeks existierte, der grauen Eminenz der deutschen KP-Führung in der Periode, der seit 1919 gegenüber der Möglichkeit einer Revolution in Deutschland äußerst skeptisch war. Im Exekutivkomitee der Kommunistischen Internationale, das im Juni zusammenkommt, greift Radek in die Debatten ein, worüber uns Alfred Rosmer einen lebendigen Bericht hinterlassen hat[21] . Er grüßt in Schlageter[22] den "tapferen Soldaten der Konterrevolution" und erklärt: "Die überwiegende Mehrheit der von nationalistischen Gefühlen erschütterten Massen gehört nicht zum Lager der Kapitalisten, sondern zum Lager der

Arbeiter." Dieser Gedanke, den er später in Artikeln ausführlich entwickelt, man müsse das Kleinbürgertum für den Sozialismus gewinnen und es so dem faschistischen Einfluß entziehen, indem man energisch gegen die Konsequenzen von Versailles kämpfe. So ist die alte These vom "Nationalbolschewismus" wiedererstanden. Die Anwendung der "Schlageterlinie" und die öffentliche Konfrontation zwischen Kommunisten und Nazis, die in den folgenden Wochen stattfanden, haben die sozialdemokratische Propaganda über die "nazikommunistische Verschwörung" genährt. und später denen als Präzedenzfall gedient, die wie Ruth Fischer im Nachhinein im Kommunismus die Keime des Stalinismus und in der "Schlageterlinie" die frühe Vorankündigung des Hitler-Stalin-Paktes finden wollten. Aber diese Parallele ist ein Anachronismus. Niemand hat 1923 in dieser Linie etwas anderes als eine Taktik gesehen und niemand hat sie als Verrat gebrandmarkt.[23] Die "Schlageterlinie" war nur die Konsequenz der "rechten" Linie der deutschen KP: solange die Revolution nicht auf der Tagesordnung stand, bestand die Möglichkeit - und auch noch die Zeit - die kleinbürgerlichen Fußtruppen des Faschismus für den Kommunismus zu gewinnen.

DER ANTIFASCHISTISCHE TAG

Der beste Beweis dafür ist, daß sich aus der "Schlageterlinie" in der Praxis auch nicht die geringste Maßnahme der Versöhnung gegenüber den Nazis ergab. Am 11. Juli beschließt die Parteizentrale für den 29. eine große Massendemonstration zu organisieren unter der Losung "antifaschistischer Tag". Weil sie Zwischenfälle fürchtet, untersagt die preußische Regierung für diesen Tag jegliche Demonstration in Berlin. Der Generalstab der Partei spaltet sich erneut. Die Rechte würde vorziehen, sich zu fügen, denn sie fürchtet eine Schlacht, die sie für verfrüht hält. Die Linke will vorstoßen und bezichtigt die Rechte der Kapitulation. Wieder einmal nimmt man Zuflucht zum Schiedsspruch des Komitees der Internationale. Auch dieses scheint zutiefst gespalten. Sinowjew und Bucharin, die im Urlaub sind, telegrafieren, daß die Deutschen sich über das Verbot hinwegsetzen und demonstrieren sollen. Radek beschuldigt sie zugleich, die deutsche K. P. in ein neues "Juli-Unglück" zu stürzen (Anspielung auf den Juli 1917).

Stalin, der neue Generalsekretär der russischen KP, nimmt zum ersten und einzigen Male klar Stellung zur deutschen Frage. In einem Brief an Sinowjew und Bucharin[24] stellt er fest, daß den deutschen Kommunisten zwei Trümpfe fehlen, die wertvoll für die Bolschewiki waren, das Verlangen nach Frieden und der Landhunger der Bauern, und versichert, daß eine proletarische Revolution in Deutschland noch nicht auf der Tagesordnung stehe: "Wenn heute in Deutschland die Macht sozusagen stürzt und die Kommunisten sie aufgreifen, werden sie mit in ihren Sturz hineingezogen werden. Die Sache ist nämlich nicht die, daß Brandler "die Massen erziehen" will, sondern daß die Bourgeoisie plus die rechten Sozialdemokraten die Erziehung - die Demonstrationen - ganz sicherlich in eine allgemeine Schlacht (der Augenblick ist besonders günstig für sie) verwandeln werden und sie ausrotten. Natürlich schlafen die Faschisten nicht, aber es liegt in unserem Interesse, daß sie zuerst angreifen; dies wird die ganze Arbeiterklasse um die Kommunisten scharen. Übrigens sind die Faschisten, allen Informationen zufolge, in Deutschland schwach. Meiner Meinung nach müssen die deutschen Genossen gebremst werden und nicht angespornt."

Schließlich, nach langem Zögern und zusammenhanglosen Gesprächen in den Wandelgängen, übernimmt das Exekutivbüro die Verantwortung dafür, die Demonstration telegrafisch abzusagen. 250 000 Berliner Genossen und Sympathisanten, die sich am 29. in den Parteilokalen versammelt haben und dort zurückgehalten werden, kritisieren heftig die Passivität der Führung. Als die Frage am 5. und 6. August auf die Tagesordnung des Zentralkomitees kommt, fordert Ruth Fischer von neuem - wie sie es nun schon seit Jahren tut, womit sie leider ihre Glaubwürdigkeit stark beeinträchtigt hat - , daß die Partei sich entschlossen an die Spitze der Massen stellen solle zur Eroberung der Macht. Brandler beharrt auf seinen Positionen: Der Augenblick der proletarischen Diktatur sei noch nicht gekommen und die bürgerliche Herrschaft werde selbst zur gegebenen Stunde zusammenbrechen. Die gegenwärtige Aufgabe der Kommunisten sei, die Masse der sozialdemokratischen Arbeiter zu gewinnen. Die Schloßresolution des Zentralkomitees bestätigt die Notwendigkeit, mit der Regierung Cuno Schluß zu machen. Während die Möglichkeit von Landesregierungen mit den linken Sozialdemokraten erneut ausgeschlossen wird, fordert sie eine Arbeiter- und Bauernregierung für ganz Deutschland.

DER SREIK GEGEN CUNO

Aber die Temperatur der Massen war im ganzen Land ständig angestiegen. Zwischenfälle aller Art häuften sich: Besetzungen von Betrieben wie das Bergwerk in Zwickau durch die Bergleute, Hungeraufruhr, Brandstiftungen ... Zum ersten Mal rührt es sich auf dem Lande, und damit wird Stalin Lügen gestraft: Mehr als 150 000 Landarbeiter in Ostpreußen streiken gegen die Gutsbesitzer. Auf Betreiben der linken Kommunisten wird eine Verbindung zwischen den "Fabrikausschüssen" gebildet, der "Fünfzehnerausschuß" in Berlin, der beim Sturz Cunos die entscheidende Rolle spielen wird.

Die Arbeiter der Staatsdruckerei stürzen durch einen Streik die Regierung. Der Streik der Drucker unterbrach alles: Da die von ihnen gedruckten Scheine fehlten, war binnen weniger Stunden das ganze Land wie gelähmt, kein Tausch konnte mehr vorgenommen werden, keine Bezahlung war mehr möglich. Der "Fünfzehnerausschuß" ruft zum Generalstreik auf, und dieser wird in der ganzen Hauptstadt befolgt. Das Berliner Gewerkschaftskartell tritt zusammen, und in einer dramatischen Sitzung, zu der die Vertreter der Arbeiterparteien einschließlich der Kommunisten eingeladen worden sind, entzweit es sich über die Frage, ob man sich dem Streik anschließen soll. Ein Teil der Gewerkschaftsfunktionäre, die den Willen der Massen spüren, neigt dazu, der Bewegung die Zustimmung der Zentrale zu geben. Nur mit äußerst knapper Mehrheit, unter dem Druck des Sozialdemokraten Wels, entscheidet der Rat schließlich, sich einer Stellungnahme zu enthalten ...

Aber die zögernde Zurückhaltung der Berliner Zentrale ändert nichts an der Lage, die Bewegung verbreitet sich am nächsten Morgen über das ganze Land, die Zusammenstöße nehmen zu. Die Sozialdemokratische Partei selbst spricht sich für den Rücktritt Cunos aus. Am gleichen Tag tritt er zurück. Unfähig, der Krise allein Herr zu werden, greift die deutsche Bourgeoisie wieder einmal auf die Unterstützung der Sozialdemokraten zurück. Am 12. bildet Gustav Stresemann von der Volkspartei, ehemaliger Syndikus der sächsischen Industriellen, eine neue Regierung. Das Innenministerium, die Justiz und besonders die Finanzen mit Hilferding sind in den Händen von sozialdemokratischen Ministern. Der KP- Führung zeigt diese Koalitionsregierung, daß die Lage noch nicht reif ist: die Massen werden auch die Erfahrung noch durchmachen müssen. Zunächst ist das vom Zentralkomitee gewünschte Ziel, die Abdankung Cunos, erreicht. Am 13. geht vom Zentralkomitee die Aufforderung aus, die Arbeit wieder aufzunehmen. Heckert, Delegierter der Leitung, überzeugt die Delegierten der Fabrikausschüsse von der Notwendigkeit, die Arbeiter wieder aufzunehmen. Ohne Ziel und ohne Führung stirbt der Streik ab, obwohl er sich noch mehr als eine Woche hinzieht, indem er unvermittelt stellen- oder gebietsweise wieder aufflackert.

Die Regierung Stresemann hält jedoch mit ihrem Programm nicht hinter dem Berg. Sie will das Ruhrproblem durch Verhandlungen mit der Entente regeln, sie kündigt die baldige Stabilisierung der Mark an und droht damit, die "kommunistischen Agitatoren" auszurotten. Der Sozialdemokrat Severing, Preußischer Innenminister, löst den Fünfzehnerausschuß auf. Stresemann nimmt mit London Kontakt auf, damit man sich von dort als Vermittler einschaltet. Denn es handelt sich zunächst für die deutsche Bourgeoisie, bald aber auch für die internationale Bourgeoisie darum, der revolutionären Gefahr in Deutschland zu begegnen. Das begreift man nun endlich auch in der Exekutive der Kommunistischen Internationale. Die aus dem Urlaub zurückgerufenen Führer beraten: die große Wendung wird herbeigeführt, die Entscheidung naht.

EINE VERPASSTE REVOLUTION
DIE WENDUNG DER KOMMUNISTISCHEN INTERNATIONALE

Der Erfolg des Streiks gegen Cuno und die Einsetzung der Regierung Stresemann in Berlin waren wichtige neue Faktoren. Für Radek bedeutete die deutsch-britische Annäherung das Ende seiner nationalbolschewistischen Perspektiven und aller Kalkulationen, die auf eine dauerhafte Verbindung zwischen der UdSSR und dem bürgerlichen Deutschland aufbauten. Der revolutionäre Charakter der deutschen Situation wurde andererseits durch die Haltung der kapitalistischen Führung selbst unterstrichen. Sinowjew scheinen die Argumente der deutschen Linken ganz überzeugt zu haben, denen gegenüber er bis dahin nicht unempfindlich gewesen war. Das Politbüro kommt am 23. August zusammen, um in Anwesenheit einiger Spezialisten wie Radek und Piatakow die deutsche Situation zu untersuchen. Trotzki unterstützt mit Entschiedenheit die These, daß der Augenblick gekommen sei, zur Offensive überzugehen, und niemand widerspricht ihm ernsthaft. Im Kampf um die Nachfolge Lenins drängt sich keiner darum, gegenüber Deutschland eine schwerwiegende Verantwortung zu übernehmen. Stalin verhält sich still. Brandler ist schon nach Moskau gerufen worden. Auch die anderen deutschen Parteiführer werden geholt, um die Vorbereitungen für den Aufstand zu treffen. Im Laufe dieser geheimen Besprechungen arbeiten die deutschen Kommunisten den Plan des deutschen Oktober in allen Einzelheiten aus.

Brandler, der wieder einmal mit der Absicht gekommen war, Maßnahmen gegen die Linke zu fordern, besonders gegen Maslow, der sich mehr und mehr mit russischen Oppositionellen verbunden hatte, hatte nicht gedacht, daß die bis jetzt verfolgte Linie wieder in Frage gestellt werden könnte. Ruth Fischer zufolge erleidet er "den Schock seines Lebens" , als er in Moskau riesige Plakate über den "deutschen Oktober" entdeckt, als er erfährt, daß im ganzen Land in den Organisationen der Partei leidenschaftliche Diskussionen über "die deutsche Revolution" stattfinden. Dem gegenüber sehr feindlich, was er als "idiotisch-abenteuerlichen Kurs" bezeichnet, beugt er sich schließlich doch.

Nur die politische Unterstützung der Kommunistischen Internationale hatte ihm erlaubt, in seiner Partei gegen die wachsende Ungeduld der Kader und der Genossen Widerstand zu leisten. Er ist nicht der Mann, der sich durchsetzt gegen eine Tendenz, die die Unterstützung des Exekutivkomitees hat, und erst recht ist er nicht der Mann, der "Recht behält" gegenüber den angesehenen Führern der Internationale. Er akzeptiert also die Linie. Niemand im Exekutivkomitee denkt übrigens daran, ihn an der Spitze der deutschen Partei ablösen zu lassen. Trotzki, der als erster die Wendung fordert, hält Brandler für den einzigen fähigen deutschen Führer. Er war mit ihm nicht einverstanden in der Beurteilung der Lage, aber er schätzte ihn sehr. Dagegen setzte Trotzki in die Führer der Linken überhaupt kein Vertrauen, auch selbst dann, als seit einigen Wochen ihre Ansichten übereinstimmten, während in den letzten Jahren ihn alles von ihnen getrennt hatte. So wird Brandler mit der Durchführung einer Linie beauftagt, die er selbst bekämpft hatte und von deren Richtigkeit er nicht ganz überzeugt ist.

Zwei Punkte nur werden im politischen Plan des Aufstandes leidenschaftlich diskutiert. Trotzki schlägt vor, für den Aufstand ein Datum festzusetzen. Brandler kämpft wie ein Löwe gegen diese Entscheidung, die ihm die Hände binden würde, und er erhält schließlich Genugtuung: die Festsetzung eines genauen Datums für den Aufstand in der Frist der nächsten Monate bleibt der Führung überlassen. Im anderen Punkt ist Brandler einer Meinung mit Trotzki: es handelt sich um die Frage, ob die deutsche KP zur Bildung von Sowjets aufrufen soll oder nicht. Gegen die deutschen Linken setzt sich die Meinung durch, daß, wie Trotzki sagt, "die Bewegung der breiten proletarischen und halbproletarischen Massen begonnen hat, sich um die Fabrikkomitees zu sammeln, die im großen und ganzen Funktionen erfüllen, wie sie die (russischen) Sowjets in der Periode unmittelbar vor dem Kampf um die Macht übernommen hatten" [25] . Es werden also vor dem Aufstand keine Sowjets gewählt, denn diese Form einer Parallelorganisation hätte die Gefahr bedeutet, für die deutsche Bourgeoisie eine unverhohlene Warnung darzustellen.

DER PLAN DES AUFSTANDES UND DIE TECHNISCHE VORBEREITUNG

In den restlichen 7 Wochen werden in Moskau die technischen Einzelheiten des Aufstandes beraten. Brandler, der seine Gesprächspartner von der Wichtigkeit der revolutionären Stellung Sachsens und Thüringens überzeugt hat, ist entschlossen, aus diesen beiden Gebieten das Zentrum der militärisch-revolutionären Organisation zu machen. Nach einer kurzen Periode intensiver revolutionärer Propanda treten die Kommunisten in die sozialdemokratischen Regierungen Sachsens und Thüringens ein, mit dem Ziel, aus den roten Hundertschaften den Kern der Roten Armee zu bilden, die einem bewaffneten Aufstand im übrigen Deutschland sofort Hilfe bringen könnten. Die Arbeiter- und Bauernregierung,die am Tage nach dem Aufstand gebildet werden soll, soll an der Seite der Kommunisten linke Sozialdemokraten, Gewerkschaftler und eventuell mit der Revolution sympathisierende Militärs umfassen. (Man rechnete immer damit, daß sich nationalistische Elemente der Revolution anschließen könnten, die überzeugt waren, daß allein das Proletariat "die proletarische Nation" befreien könnte, die seit Versailles unterjocht war. Die KP hatte seit Radeks Aufenhalt in Berlin 1919 Verbindung zu Offizieren der Reichswehr. Hier beginnen übrigens die Doppeldeutigkeiten. Diese Offiziere blickten nach der Sowjetunion hin als dem gegen die Entente verbündeten Staat vielmehr als daß sie mit dem Kommunismus sympathisierten. Die Kommunisten glaubten in ihnen Verbündete im Kampf gegen die eigene Bourgeoisie gewinnen zu können. Radek scheint nichts getan zu haben, um dieses Mißverständnis aufzuklären. Das Programm der Arbeiterregierung sollte die sofortige Verstaatlichung der Schwerindustrie und die Aufteilung der Güter der Großgrundbesitzer Ostdeutschlands sein.

Nichts scheint man hinsichtlich der technischen Vorbereitung des Aufstandes vergessen zu haben. Und wenn man schließlich, wegen der feindseligen Haltung Sinowjews, den Gedanken hat fallen lassen, Trotzki zur Leitung des Aufstandes nach Deutschland zu schikken, so hat man doch immerhin ein "Direktorium" von "Technikern" bestimmt, russische Kommunisten des ersten Ranges. Karl Radek, Pjatakov und Wassilij Schmidt. Einige hundert Offiziere der Roten Armee werden nach Deutschland geschickt, wo sie die Kader der zukünftigen revolutionären Armee bilden sollen und wo sie vorerst die technischen Ratgeber des Aufstandes sind. Sie werden geführt vom polnischen General Skoblevsky , unterstützt von einem anderen Polen, Guralsky, genannt Kleine. Das Informationsbüro hat auch zahlreiche Agenten geschickt, die über die Vermittlung Kriwitskis dem Direktorium unterstellt sind. Die einen sind mit dem Kauf von Waffen beauftragt, die anderen sollen Verbindungen zu militärischen Kreisen aufnehmen. Es werden Pläne für Angriffe auf Kasernen aufgestellt, für Unterbrechung der Telephonverbindungen und Verteilung von Waffen bei der Mobilisierung der Hundertschaften. Erst als alles perfekt zu sein scheint, fährt Brandler nach Deutschland zurück. Auf seine Veranlassung wird

Maslow, um jeglichen störenden Zwischenfall im entscheidenden Augenblick auszuschalten, in Moskau zurückgehalten. Als sich Trotzki im Kreml von Brandler verabschiedet, umarmt er ihn lange: Er ist überzeugt, daß der Mann, den er umfaßt hält, bald der Führer der zweiten siegreichen Arbeiterrevolution sein wird.

DIE REAKTION DER BOURGEOISIE : DIE REGIERUNG STRESEMANN

Währenddessen bemüht sich die Regierung Stresemanns, eiligst die Lage wieder einzurenken und die Krise zu beenden, die alles einzureißen droht. Die Verhandlungen mit England bringen ermutigende Ergebnisse,und am 26. September erkennt die Regierung offiziell die Ruhrbesetzung an. Der "passive Widerstand" ist zu Ende, es ist dies der Beginn der internationalen Entspannung, der Grundlage für einen möglichen wirtschaftlichen Aufschwung.

Die Regierung untersucht die Mittel zur Beendigung der Inflation. Sie hat bereits in den ersten Tagen ihrer Amtszeit die gleitende Lohnskala bewilligen müssen, die in der Tat die Gewinne der Spekulanten beträchtlich vermindert. Vor allem hat die Gesamtheit der deutschen Kapitalistenklasse begriffen, daß es , nachdem man bereits gigantische Gewinne erzielt hat, unklug wäre, eine Politik fortzusetzen, die geradeswegs zur Revolution führt. Aber während Hilferding verschiedene Pläne zur Geldstabilisierung prüft, nimmt die Inflation weiter ihren Lauf. Vom 31. Juli bis zum 31. August sinkt die Mark von 5 Millionen auf 45 Millionen Pfund Sterling, um einige Wochen später sogar 100 Millionen zu überschreiten. Der Sturz ist schwindelerregend. Die Preise verdoppeln sich täglich. Der Wochenlohn wird nach dem Gesetz der gleitenden Lohnskala jeden Dienstag nach offiziellem Index festgesetzt. Er wird in 2 Raten ausgezahlt, eine Anzahlung Dienstags und der Rest Freitags. Aber am Freitag hat die am Dienstag festgesetzte Summe schon 3/4 ihres Wertes verloren. Die Leute holen ihr Geld in Koffern und Schubkarren ab. Geldscheine, deren Wert kaum das Gewicht des Papieres überschreitet.

In Bayern führt der extreme Flügel des deutschen Imperialismus unter der reaktionären Regierung von Kahr seine konterrevolutionären Vorbereitungen weiter. Nach Eintritt der Sozialdemokraten in die Zentralregierung fordert Bayern diese offen heraus. Die Verschwörer, die mit nationalistischen Kreisen unter Führung des Admirals von Tirpitz in Berlin stehen, die außerdem vom Wohlwollen der Reichswehr überzeugt sind und mit der aktiven Unterstützung des Generals von Lossow rechnen, der die Reichswehr in Bayern kommandiert, verhängen über das proletarische Sachsen und Thüringen eine ständige Drohung. Bestärkt durch ihre Freundeskreise in Berlin erpressen sie die Zentralregierung. Die Regierung Stresemann nimmt die Gefahr der rechtsradikalen Verschwörer zum Vorwandt, um die gesamte Exekutivgewalt dem Reichswehrminister, General von Seeckt, der zugleich der Vertreter der Reichswehr ist zu übertragen. Als "Schiedsrichter " zwischen Berlin und Bayern hält der Generalstab eine beträchtliche Macht in seinen Händen. Er trachtet wieder einmal nach der Rolle des "letzten Retters", jetzt, da sich die Bourgeoisie von ihrer großen Angst des Monats August erholt hat . Die Arbeiterklasse hat sich nicht erhoben. Es bleibt noch die Hoffnung, der Revolution zuvorzukommen. In den Geschäftskreisen wächst das Vertrauen, und da ja die Stabilisierung des Geldes auf der Tagesordnung steht, beginnt man, die Verlängerung der Arbeitszeit zu fordern. Im Reichstag koalieren die Rechte und das Zentrum gegen Hilferding, der den Achtstundentag nicht antasten will. Stresemann tritt zurück und präsentiert nach diesem Scheinabgang ein verändertes Kabinett, in dem die Sozialdemokraten aus den Schlüsselstellungen verdrängt sind, und in dem der Vertreter der Volkspartei, Luther, das Finanzressort erhält. Der Reichstag erteilt der neuen Regierung absolute Vollmacht in Wirtschafts-, Finanz- und Sozialfragen und stattet sie damit mit gleichsam diktatorischen Befugnissen aus.

REVOLUTION ODER VERSCHWÖRUNG ?

Während der entscheidenden Monate, in denen in Moskau Beschlüsse gefaßt und dann Vorbereitungen getroffen wurden, scheint sich bei der KP alles gewandelt zu haben. Seit dem 30. August verkündet die Zentrale, daß "der entscheidende Augenblick näherkommt". Der in Moskau getroffene Beschluß und die wiedergefundene Einstimmigkeit, die Ankunft von russischen Experten, von Waffen und von Dollars haben das Vertrauen und die Begeisterung wieder aufleben lassen, die zeitweilig durch das Zögern und die Unstimmigkeiten erschüttert worden waren. Thaelmann, der Führer der Linken, ist aus Moskau überzeugt von der Richtigkeit der Linie und vom Ernst der Vorbereitungen zurückgekommen. Der jugoslavische Kommunist, Wujo Wujowitsch, ein Abgesandter der Kommunistischen Internationale, gesteht Victor Serge, er denke, alles werde besser verlaufen als in Rußland, denn alles sei besser vorbereitet. Aber nichts hat sich an der Propagandaarbeit der Partei geändert und nichts zeigt an, daß sie jetzt auf die Machtergreifung zugeht. Die Agitation wiederholt die alten Thesen, und nach wie vor bemüht man sich, spontane Bewegungen zu bremsen, Provokationen zu vermeiden und sogar das Mißtrauen der Regierung einzuschläfern, um sie dann ein für alle Mal mit einem entscheidenden Schlag zu treffen. Man fürchtet jeden Zwischenfall, der den Vorwand für ein Einschreiten der konterrevolutionären bewaffneten Streitkräfte bieten könnte, während man sich fieberhaft vorbereitet,aber noch nicht ganz fertig ist. Victor Serge, der in seinen Memoiren an diese Zeit erinnert, schreibt: "Die oberen Kader haben Schwung, aber sie sind die einzigen, die welchen haben."1923 schreibt er unter dem Pseudonym Albert: "Werden die Massen folgen? Die Partei hat die Bewegung gebremst, um keine Kräfte zu vergeuden. Ballen sich diese Kräfte zusammen oder reiben sie sich auf?.. Der Hunger schafft Verwirrung. Wenn die Internationale alles geregelt hat, war ,wird sich dann in den Köpfen der Sozialdemokraten alles abgespielt haben, die den Kommunisten mißtrauen, was in den Köpfen der Leute von der Straße ? " Und er fügt hinzu: "Die gespannte Erwartung der Vorstädte scheint sich unerklärlicherweise zu verlaufen. Der Arbeitslose wechselt plötzlich vom Fieber des Aufrührers zur Haltung der Resignation...". Die Partei bereitet die Revolution vor; die Arbeitermassen warten, dann werden sie müde.

DIE "ARBEITERREGIERUNGEN" VON SACHSEN UND THÜRINGEN

In Moskau weiß man dies und stellt sich wiederholt die Frage: "Werden die Massen folgen?" Außerdem treffen beängstigende Meldungen ein. In Berlin hat die Polizei die wichtigsten Waffenlager beschlagnahmt und einen Führer verhaftet, der in seiner Tasche die sämtlichen Aufstellungen über die Waffenlager trug ... Andererseits fühlen sich die linken Sozialdemokraten von Sachsen und Thüringen durch die militärischen Vorbereitungen in Bayern unmittelbar bedroht. Zeigner hat im sächsischen Landtag die Vorbereitungen der schwarzen Reichswehr, deren Unterstützung durch die Regierung, die Reichswehrführung und die bayrischen Konterrevolutionäre angeprangert. Er wendet sich an die Kommunisten, denn nur sie haben genügend Macht in Deutschland, um den Schlag, der vorbereitet wird, zu verhindern.

In Moskau glaubt man jetzt, daß Eile nottut, Zeigner hat die deutschen Kommunisten gebeten, seiner Regierung beizutreten. Die KP fragt bei der Exekutive an. Brandler - noch in Moskau - ist gegen diesen Eintritt. Er sei politisch nicht vorbereitet und werde die Massen verwirren, die an ein Zurückweichen glauben würden. Vor diesem Schritt müssen die Massen mobilisiert werden, damit sie dann einen Schritt nach vorn sehen, eine revolutionäre Tat. Aber die Exekutive folgt ihm nicht. In ihrem Namen telegraphiert Sinowjew folgende Anweisung an die Deutschen: Der entscheidende Augenblick naht, in vier bis sechs Wochen muß man alle brauchbaren Positionen besetzen und in die Regierung Feigner eintreten, wenn dieser wirklich entschlossen ist zu kämpfen, sofort 50 - 60 000 Männer bewaffnen und den General Müller, Führer der sächsischen Reichswehr "völlig ignorieren". (Ruth Fischer datiert dies Telegramm, um sich die Beweisführung zu erleichtern, auf Mitte Oktober, den Zeitpunkt, wo der General Müller droht, in Sachsen mit seinen Truppen einzuziehen. Eine grobe Fälschung, die die These ihres Autors nicht glaubwürdig macht.)

Am 10. Oktober treten Brandler - der unterwegs ist -, Heckert und Böttcher in die Regierung Zeigner in Sachsen ein. Zwei andere Kommunisten, Korsch und Tenner, treten in Thüringen in die Regierung des linken Sozialdemokraten Fröhlich ein. Das Zentralkomitee der KP siedelt von Berlin nach Dresden über. Die erste Phase der Revolution hat begonnen, wie im Plan vorgesehen. Aber bei diesem Beginn bleibt es. Entweder waren die technischen Vorbereitungen unzulänglich, und man hatte nicht die notwendigen Waffen bekommen können, oder - da die von Brandler vergeblich gewünschte politische Vorbereitung fehlte - waren die linken Sozialdemokraten nicht von der Notwendigkeit solcher Maßnahmen überzeugt (es ist nicht bekannt, ob die kommunistischen Führer die im Telegramm genannten Bedingungen den Sozialdemokraten in Sachsen und Thüringen klar und deutlich gestellt haben). Jedenfalls zieht die Bildung der berühmten "Arbeiterregierungen" von Sachsen und Thüringen nicht die geringste Mobilisierung und nicht die geringste Bewaffnung der Massen nach sich.[26] Stattdessen liefern sie den Vorwand für die bewaffnete Intervention, welche die deutsche Bourgeoisie seit Monaten vorbereitet.

DIE BOURGEOISIE SONDIERT DAS GELÄNDE

Während er seine Regierung mit kommunistischer Beteiligung bildet, sendet Zeigner einen feierlichen Appell an die Zentralregierung: Sachsen, sagt er, kämpft für die Verteidigung der Republik gegen die bayrischen Reaktionäre. Zur gleichen Zeit bitten die sächsischen Industriellen die Regierung, sie vor der kommunistischen Drohung zu schützen, die sich immer klarer bezeichnet.. Am 14. Oktober beauftragt Reichspräsident Ebert den General Müller, die Ordnung in Sachsen wiederherzustellen und "Ausschüsse" einzusetzen, die die gewählten Regierungen ersetzen sollen. Das sozialdemokratische Parlament ist in Aufruhr. Ein so wenig linker Mann wie Otto Braun, Präsident der preußischen Regierung, lehnt sich gegen diese Maßnahmen auf, welche gegen Regierungen getroffen werden, mit sozialdemokratischen "Genossen " an der Spitze, die in der Tat von bayrischen Reaktionären bedroht werden, und die nicht vom Wege der "strikten" Legalität abgewichen sind.

Der Korrespondent des "Observer" meint, daß 80% der sozialdemokratischen Anhängerschaft der Politk ihrer Führung feindlich gegenüberstehen, die Eberts Verhalten billigt. In Chemnitz und Dresden ereignen sich heftige Zwischenfälle zwischen Demonstranten und Polizisten. Die Truppen von Müller, die einige Tage gebraucht haben, um sich vorzubereiten, gehen nur behutsam voran. Aber weder aus Sachsen noch anderswoher erfolgen Gegenmaßnahmen. Albert schreibt: "Ein Generalstreik zu diesem Zeitpunkt hätte alle Arbeitermassen mitgerissen und die Sympathie aller republikanisch Gesinnten erobert." In Hamburg will die Konferenz der Hafenarbeitergewerkschaft am 21. Oktober zum Generalstreik aufrufen, um die Unternehmungen der Reichswehr gegen das proletarische Sachsen zu verhindern. Die Kommunisten bekämpfen diesen Beschluß: Sie wollen keinen verfrühten Kampf, weil sie auf das "Zeichen warten, das jeden Tag aus Sachsen kommen kann. Bayern wird ungeduldig und droht, selbst zur Tat zu schreiten, wenn die Regierung auf ihren Ausflüchten beharrt. General von Lossow trotzt der Zentralgewalt, indem er sich der Autorität von Kahrs unterstellt. Die Kommunisten regen sich nicht, sie bleiben ihrem Plan treu. Hatte Brandler vielleicht, wie Arthur Rosenberg vermutet, auf eine spontane Reaktion der Arbeiter gehofft, bei welcher die KP die Führung übernommen hätte, sich zugleich aber den Rückzug gedeckt und versucht, sich nicht zu sehr festzulegen, im Falle, daß diese Massenbewegung nicht eintreffen würde? Die Frage läßt sich nicht beantworten. (Ruth Fischer und Rosenberg unterstreichen beide die Sorge und die "Achtbarkeit" , von der die damaligen kommunistischen Führer beherrscht ge -

wesen sein sollen, und den rein reformistischen Charakter ihrer Unternehmungen. Die von Ruth Fischer gegebenen Einzelheiten sind nicht nachweisbar und jedenfalls nicht frei von Böswilligkeit.)[27]

DIE KONFERENZ VON CHEMNITZ UND DER HAMBURGER AUFSTAND.

Als am 21. Oktober die Delegierten der sächsischen Fabrikkomitees in Chemnitz eine Konferenz abhalten, erwartet die ganze Partei das Signal zum Aufstand. Aber das von der Exekutive eingesetzte Direktorium hält den Augenblick für ungünstig. General Müller hat gerade ein Ultimatum gestellt; die Waffen reichen nicht aus, und die Partei kann im ganzen Land den 100 000 bewaffneten Bayern und Soldaten der schwarzen Reichswehr nur 11 000 Gewehre gegenüberstellen. Es wird beschlossen, die Frage danach zu entscheiden, wie die Konferenz reagiert.

Brandler vertritt dort einen Antrag auf Generalstreik und bewaffneten Widerstand gegen das Eingreifen der Reichswehr. Die Konferenz antwortet ihm mit eisigem Schweigen, und der sozialdemokratische Minister Graupe droht, mit seinen Genossen den Saal zu verlassen, wenn er eingebracht wird. Der Antrag Brandlers wird daraufhin begraben, indem man ihn an die Ausschüsse verweist. Das Direktorium zieht daraus die naheliegende Konsequenz: Es sagt den Aufstand ab. In der Tat fühlte sich die Gruppe um Zeigner, deren Wortführer Graupe war, isoliert angesichts der mangelnden Bewegung im übrigen Land. Es weicht einem Kampf aus, der einzig und allein auf den Schultern des sächsischen Proletariats ausgetragen zu werden droht. (Die Furcht, in einem isolierten Kampf geschlagen zu werden, war seit 1919 ein vorherrschendes Moment bei den Rückzugsbeschlüssen vieler Arbeiterführer). Indem Brandler ihnen die Entscheidung überließ, entledigte er sich nur einer Verantwortung, die ihn bedrückte. (Die Leute der Zeigner-Gruppe waren im übrigen sehr wohl informiert über die persönliche Einstellung Brandlers, sein Zögern und seine Zweifel.) Albert, der den - parteiischen - Standpunkt der unteren kommunistischen Parteimitglieder ausdrückt, spricht vom "Versagen der Führer, der Hälfte der Revolutionsstreitkräfte in letzter Minute", vom "Zerbrechen der Arbeitereinheitsfront an der Reichswehr".

Zwei Tage später, am 23. Oktober, zieht General Müller nach einigen Scharmützeln in Dresden ein (30 Tote). Die sächsische Regierung aufgelöst, Zeigner verhaftet,und die kommunistischen Minister befinden sich auf der Flucht. General Müller setzt eine Exekutive ein. Am 22. Oktober lösen die Hamburger Kommunisten, die nicht über den Gegenbefehl informiert waren, den Aufstand aus. (Jedenfalls ist das die allgemein akzeptierte These; sie ist nicht bewiesen und läßt sich auch nicht beweisen). Ohne Streik, ohne politische Vorbereitung und ohne jegliche Kundgebungen greifen einige Hundert Kämpfer der kümmerlich bewaffneten roten Hundertschaften Kasernen und Polizeiquartiere an,in der Überzeugung, daß das ganze Arbeiterdeutschland sich zur gleichen Zeit wie sie erhoben hat. Von diesem Irrtum am nächsten Tag unterrichtet, treten sie langsam den Rückzug an. Die Massen der Arbeiter von Hamburg und sogar ein großer Teil Kommunisten standen diesem Kampf verständnislos gegenüber, der von einer Handvoll von Parteimitgliedern ins Werk gesetzt wurde, die noch zwei Tage zuvor sich gegen den Generalstreik gestellt hatten.

Und so wurde eine Revolution, die nicht stattgefunden hatte,beendet. "Die Heeresschau dauerte lang, die Stunde X schlug nicht", schreibt Albert. "Ein fast lautloses, fast unglaubwürdiges Drama. Eine Million Revolutionäre, die bereit sind und auf das Zeichen zum Angriff warten; hinter ihnen Millionen von Arbeitslosen, Hungernden, Hoffnungslosen, ja ein ganzes leidgeplagtes Volk, welches flüstert: "Auch wir! auch wir! " Die Muskeln dieser Massen sind gespannt, die Gewehre, mit denen man den Panzern der Reichswehr begegnen wollte, schon fest in den Fäusten... und nichts geschah, außer dem blutigen Handstreich von Dresden, wo ein Gefreiter, gefolgt von vier Kriegsknechten, die Arbeiterminister aus ihren Ministerien vertrieb, die das ganze bürgerliche Deutschland hatten erzittern lassen; nur einige Blutlachen - 60 Tote im ganzen - auf den Pflastern der Industriestädte Sachsens... "

Kampflose Niederlage, die noch bevorstehende Niederlagen ankündigte. Im Jahre 1918-19 geschlagen wegen der Fehler einer Führung, mußte sich das Proletariat 1923 von neuem wegen der Fehler seiner Führung geschlagen geben.

LEO JOGICHES

ANMERKUNGEN

1 Karl Radek und Rosa Luxemburg, Mitglieder zweier rivalisierender Fraktionen in der polnischen sozialdemokratischen Partei, waren durch einen starken persönlichen Gegensatz getrennt. Karl Radek, aus der polnischen sozialdemokratischen Partei unter Anklage des Diebstahls ausgeschlossen, wurde am Rande der deutschen Partei belassen: Kein Führer der deutschen Linken unternahm seine Verteidigung, da diese Entscheidung offensichtlich politische Motive hatte. Auf dem Gründungskongreß der KP weigerte sich Rosa Luxemburg zunächst, Radek, dem Delegierten der bolschewistischen Partei, die Hand zu geben und es waren alle Überredungskünste enger Freunde nötig, um sie zur Aufgabe einer für die Genossen unverständlichen und demoralisierenden Haltung zu bewegen.

2 Liebknecht repräsentierte die Kommunisten, Ledebour die linken Unabhängigen, Scholze die revolutionären Obleute. Die Wahl Scholzes zeigte die Zurückhaltung der beiden Obleute mit dem stärksten Rückhalt bei der Berliner Arbeiterschaft, Däumig und Müller.

Die Entscheidung, einen so schwerfälligen Ausschuß mit einem Dreierpräsidium zu wählen, macht die Uneinigkeit und das Mißtrauen deutlich, die unter den revolutionären Arbeiterführern des Komitees herrschte.

3 Leo Jogiches, wie wir gesehen haben, gegen den Bruch mit den Unabhängigen, riet Clara Zetkin, einer alten Spartakistin, nicht in die KP einzutreten und bei den Unabhängigen zu bleiben, was sie auch tat.

4 Die revolutionären Führer von 1918 gehörten einer Generation an, die ihre Erziehung in der Vorkriegssozialdemokratie durchgemacht hatte und dort be - kannt geworden war. Liebknecht war 47 Jahre alt, Rosa Luxemburg 48 , Eisner 51. Ihre Nachfolger waren alle jung und in nationalem Maßstab unbekannt. 1918 waren Paul Levi und Thalheimer 35 Jahre alt, Brandler 37, Fröhlich 34, Thaelmann 32, Maslow 27 und Ruth Fischer 23.

5 Bürgerlichen Ursprungs, von freiem und kultiviertem Geist aus dem Freundeskreis Rosa Luxemburgs, hatte Paul Levi nichts von einem Arbeiterführer, und ließ es sich häufig anmerken. Er galt vor allem als wertvoller Theoretiker.

6 Bauarbeiter, anerkannter Gewerkschaftsfunktionär im sächsischen Industriegebiet, war Brandler einer der wenigen Arbeiterführer von Spartakus (mit Walcher und Böttcher). Die Linke beschuldigte ihn des Konservatismus und warf ihm sein Festhalten an sozialdemokratischen Traditionen vor. Ruth Fischer sagte, daß er vor allem "provinzielle Ansichten" habe.

7 Mit Karl Radek zusammen, der derselben Generation angehört und mit ihm in Göttingen vor dem Krieg gekämpft hatte, war der Journalist und Philosoph Thalheimer das "Gehirn" Brandlers, wie Ruth Fischer, ihr politischer Gegner, sagt.

8 Den Delegierte der Unabhängigen, die die Frage stellten, was die KI machen würde, wenn sie die 21 Bedingungen annähmen, antwortete Sinowjew: "In dem Fall stellen wir 22 Bedingungen".

9 Die Unabhängigen, Barth, Haase und Dittmann, hatten die Macht mit den Sozialdemokraten um Ebert im November - Dezember 1918 geteilt.

10 Die 21. Bedingung untersagte denen den Eintritt in die KI, die nicht für die ersten zwanzig Bedingungen gestimmt haben.

11 Die NEP (Neue Ökonomische Politik) entsprach der Notwendigkeit einer ökonomischen Entspannung nach den Anstrengungen des Kriegskommunismus:Konzessionen an die Bauern, zurück zu einem freien Markt usw. Meyer argumentierte mit der Stabilisierung des Kapitalismus in Deutschland, um eine reformistische Politik, die er "deutsche NEP" nannte, zu rechtfertigen. Obwohl die Bedingungen der NEP spezifisch russisch waren.

12 Die Besetzung, die wie man weiß, in Frankreich durch die Kommunistische Partei bekämpft wurde, (sie nannte sich noch nicht französische Kommunistische Partei, sondern Kommunistische Partei, Sektion der KI), die bei dieser Gelegenheit eine Politik des revolutionären Antimilitarismus praktizierte.

13 Schlageter, altes Mitglied der Freikorps, konter-revolutionärer Abenteurer, ins Ruhrgebiet im Dienst einer terroristischen Organisation geschickt,wurde er auf Befehl der französischen Behörden wegen Sabotage erschossen.

14 Die Nationalisten wiesen auf die Anwesenheit von schwarzen Truppen in den französischen Besatzungseinheiten als eine Gefahr für die Reinheit der deutschen Rasse hin.

15 Die "schwarze Reichswehr":Geheime Truppen, denn sie mißachteten die militärischen Bedingungen von Versailles, sowohl in bezug auf ihre Existenz als auch auf die Bewaffnung, wurden im allgemeinen von früheren Kadern der Freikorps geleitet.

16 Der Vertrag von Rapallo, Abkommen zwischen der UdSSR und der bürgerlichen Regierung Deutschlands, sollte nach kommunistischer Meinung keinesfalls eine Wendung in der Politik der KPD bedeuten, die der unversöhnliche Feind der bürgerlichen Regierung ihres Landes blieb. Erst unter der Herrschaft Stalins wird die Politik der KPD den Notwendigkeiten der russischen Außenpolitik unterstellt werden.

17 In Frankreich führte die KP einen mutigen Kampf: deshalb wurden in dieser Zeit zahlreiche Mitglieder gefangengenommen, unter anderen Gabriel Péri, Sekretär der Kommunistischen Jugend.

18 Seit dieser Zeit wurde der deutschen nationalistischen Propaganda der Stempel des "Antikapitalismus" aufgedrückt. Hitler schmiedete seine ersten national -"sozialistischen" Waffen. Was sollte man auch im Deutschland von 1923 die "Wohltaten der freien Unternehmen" verteidigen?

19 Alle diese Zahlen werden bei Rosenberg zitiert. Die Bourgeoisie paßte gut auf, um in dieser entscheidenden Zeit Wahlen zu verhindern. Zur Zeit des Aufstiegs der Nazis aber wurde im Gegenteil alle sechs Monate gewählt.

20 Beweis der Diskussionsfreiheit der KI zu dieser Zeit: Eine Versöhnungspolitik gegenüber einer mit der UdSSR vertraglich verbundenen bürgerlichen Regierung wurde in der Presse der KI offen als Verrat qualifiziert.

21 Siehe "Moskau unter Lenin"

22 Siehe Anm. 1

23 Es ist bemerkenswert, daß von Seiten der Nazis den "öffentlichen Gegenüberstellungen" ein Ende bereitet wurde.

24 Da dieser Brief erst 1927, zur Zeit des Übergangs Sinowjews zur Opposition, veröffentlicht wurde, wußte Trotzki bis zu diesem Tage nichts von ihm.

25 "Die Lehren des Oktober"

26 Ruth Fischer und Rosenberg unterstreichen die "ernsthafte" Besorgnis der kommunistischen Minister und den rein reformistischen Charakter ihrer Initiativen. Die von Ruth Fischer gegebenen Einzelheiten sind nicht nachprüfbar und jedenfalls von Übelwollen geprägt.

27 Die spätere Diskussion in der Partei und der Internationale wurde auf Grund einer einzigen Sorge geführt: Die Suche nach einem "Sündenbock", den man für das Scheitern verantwortlich machen konnte. Es war Brandler, der für diese Rolle bestimmt wurde. Seine Fehler sind natürlich unbestreitbar, aber er unternahm nichts, ohne vorher das Exekutivkomitee der KI zu Rate gezogen zu haben, dessen Verantwortung also noch größer ist.

1918

1. Okt.	Aufruf von Spartakus zur Bildung von Räten.
3. Okt.	Regierung Max von Baden mit sozialdemokratischen Ministern
30. Okt.	Meuterei der Matrosen auf See vor Kiel
3. Nov.	Meuterei der Kieler Matrosen
9. Nov.	Revolution in Berlin. Ebert tritt an die Stelle von Max von Baden. Abdankung Wilhelms II.
10. Nov.	Wahl des Vollzugsrats der Berliner Räte, der die Regierung der Volksbeauftragten anerkennt.
6. Dez.	Versuchter Militärputsch gegen den Vollzugsrat. Die Polizei schießt auf eine spartakistische Demonstration.
14. Dez,	Aufruf der Regierung zur Bildung von Freikorps. Aufruf von Spartakus zur Bildung einer Kommunistischen Partei.
16. - 21. Dez.	Reichskonferenz der Arbeiter- und Soldatenräte beschließt die Wahl einer verfassungsgebenden Versammlung.
23. - 25. Dez.	Blutige Weihnacht: Aktion der Matrosen gegen die Regierung. Intervention der Armee
29. Dez.	Die Unabhängigen verlassen die Regierung. Noske tritt in die Regierung ein.
29.12. - 1.1.19	Gründungskongreß der KPD

1919

4. Jan.	Abberufung Eichhorns.
4. - 6. Jan.	Massendemonstrationen in Berlin
8. - 14. Jan.	Einmarsch der Freikorps in Berlin

15. Jan.	Ermordung von Karl Liebknecht und Rosa Luxemburg.
19. Jan.	Wahlen zur Nationalversammlung
6. - 11. Feb.	Feldzug der Freikorps gegen die Arbeiterräte in Bremen, Hamburg usw.
18. - 25. Feb.	Generalstreik an der Ruhr
25. Feb.- Anfang März	Streik in Mitteldeutschland. Feldzug gegen die Räte in Halle
4. - 11. März	Generalstreik in Berlin
10. März	Ermordung von Leo Jogiches
30. 3. - 28. 4.	Generalstreik an der Ruhr
6. - 13. April	Feldzug gegen die Räte von Magdeburg
12. - 17. April	Feldzug gegen die Räte von Braunschweig
7. April	Erste Münchner Räterepublik
14. April	Zweite Münchner Räterepublik
14.4.- 1. Mai	Feldzug gegen die Räte in Bayern
10. - 30. Mai	Feldzug gegen die Räte in Sachsen
20. 6. - 3. 7.	Streik der Bahnarbeiter
28. 6.	Unterzeichnung des Versailler Vertrags
August	Geheime Konferenz der KPD
18. 9. - 24. 11	Streik der Metallarbeiter in Berlin
September	Geheimer Kongreß und Spaltung der KPD in Heidelberg (Bildung der KAPD)
19. Dez.	Kongreß der Unabhängigen in Leipzig, Beginn der Verhandlungen mit der Kommunistischen Internationale

1920

20. Feb.	Kongreß der KPD in Karlsruhe
13. März	Putsch des konterrevolutionären General Kapp
14. März	Von den reformistischen Gewerkschaften ausgerufener Generalstreik
17. März	Kapps Sturz
28. 3. - Anf. 4.	Die Reichswehr gegen die Arbeiter an der Ruhr

August	Der 2. Kongreß der KI stellt die 21 Bedingungen zur Aufnahme in die Internationale.
Oktober	Parteitag in Halle. Die Unabhängigen treten der Internationale bei.
Dezember	Berliner Parteikongreß. Bildung der VKPD.
<u>1921</u>	
8. Jan.	Vorschläge der KPD zur Einheitsfront
16. - 17. März	Bewaffnete Kämpfe in der Gegend von Mansfeld, Aufruf der KPD zum bewaffneten Aufstand
24. März	Aufruf der KPD zum Generalstreik
31. März	Ende der Aktion
Juni	3. Kongreß der KI:Verurteilung der Märzaktion. Bemühung Lenins, die Einheit der Partei zu erhalten.
August	Parteitag der KPD in Jena, der sich nach den Beschlüssen der KI ausrichtet:"Zu den Massen".
<u>1923</u>	
Anfang Jan.	Das Pfund Sterling = 50 000 Mark
11. Jan.	Ruhrbesetzung durch die französischen Truppen. Die deutsche Regierung ruft den passiven Widerstand aus.
Ende Januar	Das Pfund Sterling = 250 000 Mark. Kongreß der KPD in Leipzig.
25. März	Regionalkonferenz der KP in Essen
Ende März	Regierung der linken Sozialdemokraten unter Zeigner in Sachsen.
Juni	Exekutivkomitee der KI:Diskussion über Deutschland. Rede von Radek:Die"Schlageter-Linie".
Ende Juni	Das Pfund Sterling 500 000 Mark
29. Juli	Die KP verzichtet auf den "antifaschistischen Tag" - von der Zentralregierung ver-

	boten.
Ende Juli	Das Pfund Sterling = 5 Millionen Mark
10. August	Streik gegen die Regierung Cuno in Berlin
11. August	Rücktritt der Regierung Cuno
12. August	Regierung Stresemann mit Beteiligung der Sozialdemokraten.
23. August	Politbüro der russischen KP entscheidet sich für die Vorbereitung der Machtergreifung in Deutschland.
August -Sept.	Geheimkonferenz in Moskau; Vorbereitung des Aufstandes.
Ende August	Das Pfund Sterling = 45 Millionen Mark
September	Das Pfund Sterling = 125 Mill. Mark. Stresemann beendet den "passiven Widerstand". Militärische Vorbereitungen Bayerns gegen Sachsen und Thüringen.
10. Okt.	Eintritt der Kommunisten in die Regierung Zeigner in Sachsen.
15. Okt.	Ultimatum von General Müller an Sachsen
21. Okt.	Konferenz der sächsischen Febrikkomitees in Chemnitz. Der Aufstand wird abgeblasen.
22. Okt.	Kommunistischer Aufstand in Hamburg
8. Nov.	Scheitern des Hitlerputsches in München: da die Revolutionsgefahr beseitigt ist, verwirft die Bourgeoisie ihren faschistischen Flügel.

BIBLIOGRAPHIE

Otto Braun, Von Weimar zu Hitler
Benoist-Méchin, Histoire de l'armeé allemande
Ruth Fischer, Stalin and German Communism
Arthur Rosenberg, Geschichte der Weimarer Republik
G.D.H. Cole, Communism and Social-Democracy
L. Trotsky, Lessons of October
E.H. Carr, The Interregnum (Spez. das Kapitel: The German Fiasco)
Thalheimer, Eine verspätete Revolution?
Victor Serge, Mémoires d'un Révolutionaire
I. Deutscher, Staline
A. Rosmer, Moscou sous Lénine!
C.L.R. James, World Revolution (Kap: Stalin kills the German Revolution)

Zeitschriften:
Correspondence Internationale, (3-1-24): Thèses sur "la retraite d'Octobre et des devoirs actuels du P.C.A."
Clarté (Februar 1924): "La "retraite d'Octobre" en Allemagne" par Albert (Pseudonym von Victor Serge)

P.S. Die ganze stalinistische Geschichtsschreibung, die stillschweigend die Haltung Stalins übergeht, hat die These von der "verpaßten Revolutionsgelegenheit" angenommen und schreibt die Schuld daran einzig und allein Brandler zu.

Ruth Fischer, die gleichzietig die Wohltaten des Kapitalismus und die Reformmöglichkeiten der Bürokratie entdeckt hat, verwirft jetzt die in ihrem Buch dargestellte These und damit gleichzeitig die ganze Lobrede, die sie auf die Aktion ihrer Gruppe gemacht hat ...

GUILLERMO LORA

BOLIVIEN 1971
DER ERSTE SOWJET LATEINAMERIKAS
(Von der Volksversammlung bis zum Putsch vom 21. August)

Bolivien nimmt in politischer Hinsicht eine Stellung ein, die in keinem Verhältnis zu seiner wirtschaftlichen Bedeutung steht. Das liegt vor allem daran, daß es dort ein fest organisiertes Proletariat gibt, das von der Bourgeoisie und dem Staat unabhängige Gewerkschaften besitzt und tief durch eine revolutionäre marxistische Organisation, die Revolutionäre Arbeiterpartei (POR) geprägt ist.

Seit den 4o-ger Jahren ist Bolivien Schauplatz heftiger Klassenkämpfe, Ausdruck eines ständigen Krieges zwischen dem Imperialismus und der Bourgeoisie auf der einen Seite und dem Proletariat, das selbst durch die brutalste Unterdrückung nie lange Zeit zum Schweigen gebracht werden konnte, auf der anderen. In diesem Kampf haben die Massen zweimal einen Vorstoß unternommen, der die Existenz des bürgerlichen Staates in Gefahr brachte: Die Losung der Arbeiter- und Bauern-Regierung, die den Weg zur Diktatur des Proletariats öffnet, begann greifbare Formen anzunehmen.

Bei der Revolution von 1952 war die ganze List der kleinbürgerlich-nationalistischen Partei MNR - die sich direkt auf den nordamerikanischen Imperialismus stützte - nötig, um die Massenbewegung einzudämmen und den Privatbesitz aufrechtzuerhalten, indem das naive Vertrauen der Massen ausgenutzt wurde.

Der revolutionäre Prozeß, der im Oktober 1970 begann und 1971 zur Volksversammlung führte, die mit Recht der erste Sowjet Lateinamerikas genannt wird, konnte nur durch einen Putsch rechtsgerichteter Militärs aufgehalten werden, die von den Diktaturen in Brasilien und Argentinien und von den USA direkt unterstützt wurden. Aber die Kämpfe einer 20 Tausend zählenden Avantgarde von Arbeitern und Studenten in La Paz zeigten, wie weit die Organisierung und Mobilisierung der Massen um die Volksversammlung bereits gediehen war.

Diese Ereignisse haben nur die Kraft der Arbeiterklasse unterstrichen und diejenigen schlagend widerlegt, die wie Regis Debray das Proletariat und seine Organisationen durch die Guerilla ersetzen wollen.

Die politisierten Kreise aller Länder waren gezwungen, ihre Aufmerksamkeit auf Bolivien zu richten, vor allem auf seine revolutionäre marxistische Organisation, die POR, die bei den Ereignissen eine führende Rolle spielte. Auch das Interesse der USA für die Ereignisse in Bolivien läßt sich nicht allein mit ihren ökonomischen Interessen begründen, sondern damit, daß der Imperialismus als internationales System nicht passiv zusehen kann, daß dies System aufs neue an einem seiner schwächsten Glieder zerbricht und die Arbeiterklasse selbst die Macht übernimmt. Die Führungskreise der Bourgeoisie - sowohl in den USA wie in Brasilien und Argentinien - begriffen, daß in Bolivien mit der Errichtung der Volksversammlung das Gespenst des Oktober 1917 auftauchte.

LEO TROTZKI

Ausgewählte Werke I
Die russische Revolution 1905
334 Seiten, ca. 30 Abb. — 13. 50 DM
ISBN 3 87786 000 1 Gesamtwerk
ISBN 3 87786 001 X Band I

LEO TROTZKI

China - die erwürgte Revolution
Band I
Schriften über China aus den Jahren 1924 - 1927
360 Seiten mit ca. 30 Abb. — 16. 80 DM
ISBN 3 87786 010 9 Gesamtwerk
ISBN 3 87786 011 7 Band I

LEO TROTZKI

Wohin treibt England? Europa und Amerika
288 Seiten — 11. 80 DM
ISBN 3 87786 014 1

EVGENIJ A. PREOBRAŽENSKIJ

Die neue Ökonomik
Versuch einer theoretischen Analyse der sowjetischen Wirtschaft.
400 Seiten — 14. 80 DM
ISBN 3 87786 050 8 Gesamtwerk
ISBN 3 87786 051 6 Band I

DIE JUGENDINTERNATIONALE 1915 - 1918

die elf historischen Nummern
192 Seiten — 12. 80 DM
ISBN 3 87786 053 2